Simon Hinz

„Darf die Applikation auf Ihren Standort zugreifen?"

Datenschutzbedenken bei der Nutzung von Location-based Services

Hinz, Simon: „Darf die Applikation auf Ihren Standort zugreifen?".
Datenschutzbedenken bei der Nutzung von Location-based Services, Hamburg,
Bachelor + Master Publishing 2016
Originaltitel der Abschlussarbeit: Online-Datenschutz und die Nutzung von persönlichen
Daten in digitalen Umgebungen. Location-based Services: Auswirkungen von
Datenschutzbedenken auf die Nutzungsabsicht

Buch-ISBN: 978-3-95993-024-6
PDF-eBook-ISBN: 978-3-95993-524-1
Druck/Herstellung: Bachelor + Master Publishing, Hamburg, 2016
Zugl. Universität Bremen, Bremen, Deutschland, Bachelorarbeit, Januar 2016

Bibliografische Information der Deutschen Nationalbibliothek:
Die Deutsche Nationalbibliothek verzeichnet diese Publikation in der Deutschen
Nationalbibliografie; detaillierte bibliografische Daten sind im Internet über
http://dnb.d-nb.de abrufbar.

© Bachelor + Master Publishing, Imprint der Diplomica Verlag GmbH
Hermannstal 119k, 22119 Hamburg
http://www.bachelor-master-publishing.de, Hamburg 2016
Printed in Germany

Zusammenfassung

"Darf die Applikation auf Ihren Standort zugreifen?" – So in etwa lautet die Frage die Nutzern gestellt wird, sobald sie das erste Mal mobile Applikationen wie Foursquare, kaufDA oder Airbnb öffnen. Diese und viele weitere ortsbasierte Dienste (Location-based Services) nutzen die standortbezogenen Daten von Kunden, um ihnen auf sie zu-geschnittene Angebote oder Informationen zukommen zu lassen. Was zum einen die Customer Journey der Nutzer verbessern kann, indem sie bspw. auf Rabattaktionen in ihrer näheren Umgebung automatisch hingewiesen werden, bedeutet auf der anderen Seite einen Eingriff in ihre Privatsphäre und somit ggf. eine Ablehnung der Nutzung solcher Dienste, da Konsumenten ihre sensiblen, personenbezogen Daten nicht preisge-ben wollen. Vor diesem Zielkonflikt zwischen kontextrelevanter Personalisierung auf der einen und Datenschutz auf der anderen Seite, sehen sich sowohl Konsumenten, als auch Marketing-Manager.

Die vorliegende Arbeit begegnet diesem Zielkonflikt aus beiden Perspektiven, indem sie untersucht, welche Faktoren dafür verantwortlich sind, dass Nutzer sich um ihre Privatsphäre sorgen und sie Datenschutz-Risiken empfinden lassen. Zudem soll unter-sucht werden, welche Konsequenzen aus diesen Datenschutz-Befürchtungen resultieren. Dies ist nötig, um Anbietern von ortsbasierten Diensten aufzuzeigen, welche Maßnah-men sie ergreifen können, um die Besorgnis der Konsumenten zu senken oder zu ver-meiden und somit die Verbreitung von ortsbezogenen Diensten weiter auszuweiten. Dazu wird im Rahmen dieser Arbeit eine Literaturübersicht erstellt, auf deren Basis Handlungsempfehlungen für die Management-Praxis abgeleitet werden sollen.

Insgesamt zeigen die Ergebnisse dieser Arbeit, dass eine Vielzahl an unterschiedlichen Faktoren existieren, die Einfluss auf die Datenschutz-Bedenken der Nutzer nehmen, welche wiederum dazu führen, dass die Nutzungsabsicht der Konsumenten sinkt. Dabei wird festgestellt, dass diese bspw. durch vertrauensschaffende Datenschutz-Richtlinien von Unternehmen und Regierungen oder eine pull-basierten Kundenansprache gesenkt werden können. Zusätzlich sollten die Vorteile, die den Nutzern durch die Applikation entstehen, hervorgehoben werden, um etwaigen Datenschutz-Risiken bei der Nutzungs-entscheidung weniger Gewichtung zu verleihen. Solche Vorteile resultieren bspw. aus der Funktionalität und dem sozialen Wert der Applikation. Zudem empfiehlt es sich, die Sammlung und Verwendung von persönlichen Daten möglichst transparent zu gestalten, um den Nutzern keinen Grund zu geben, sich um die Bereitstellung ihrer Informationen zu sorgen.

Inhaltsverzeichnis

Abbildungsverzeichnis

Tabellenverzeichnis

Abkürzungsverzeichnis

bspw.	beispielsweise
bzw.	beziehungsweise
ca.	circa
d.h.	das heißt
ebd.	ebenda
et al.	et alii (und andere)
EUR	Euro
ggf.	gegebenenfalls
GPS	Global Positioning System
Hrsg.	Herausgeber
i.D.	im Durchschnitt
i.E.	im Erscheinen
IP	Internetprotokoll
IS	Informationssystem
IUIPC	Internet Users' Information Privacy Concerns
LBA	Location-based Advertising
LBM	Location-based Marketing
LBS	Location-based Services
LOC	Locus of Control
MM	Mobile Marketing
PET	Privacy Enhancing Technology
TAM	Technology Acceptance Model
TKG	Telekommunikationsgesetz
TRA	Theory of Reasoned Action
u.a.	unter anderem
US	United States
USA	United States of America
UTAUT	Theory of Acceptance and Use of Technology
u.U.	unter Umständen
VHB	Verband der Hochschullehrer für Betriebswirtschaft
z.B.	zum Beispiel
zw.	zwischen

1 Einleitung

„Simply put, location changes everything. This one input – our coordinates – has the potential to change all the outputs. Where we shop, who we talk to, what we read, what we search for, where we go – they all change once we merge location and the Web" (Honon, 2009).

Heutzutage bestimmen Daten und digitale Technologien unseren Alltag mehr als je zuvor und fördern einer Always-on-Mentalität, in der wir durch mobile Endgeräte nahezu allgegenwärtig mit dem Internet vernetzt sind (Kenny und Marshall 2000, S. 120; Park 2013, S. 182). So verlassen laut einer aktuellen Studie ca. zwei Drittel der Befragten Deutschen nicht mehr ohne Smartphone das Haus (Goldmedia 2014, S. 33). Diese Zahl deckt sich mit der Anzahl der Deutschen, die ein Smartphone benutzen, wobei 93% davon regelmäßig auf das mobile Internet zugreifen (Lutter, Pentsi und Poguntke 2015, S. 13-14). Dies ermöglicht es den Nutzern an jedem Ort und zu jedem Zeitpunkt auf kontextrelevante Informationen und Inhalte zurückzugreifen, die sie bspw. unterhalten oder bei der Ausführung von Tätigkeiten unterstützen und ihnen somit einen Mehrwert bieten (Kenny und Marshall 2000, S. 122; Kraus 2011, S. 6.; Limpf und Voorveld 2015, S. 112). Diesen Trend machen sich auch Unternehmen zu Nutze, die neben klassischen Werbemitteln wie Radio- und TV-Werbung sowie stationärer Online-Werbung zunehmend die Chance nutzen, die Kaufabsicht der Konsumenten durch mobile Kampagnen zu beeinflussen (Kraus 2011, S. 6-8). Zudem steht beim Mobile Marketing nicht mehr nur ausschließlich das Produkt, sondern zunehmend der Konsument im Mittelpunkt des Marketings, dessen Bedürfnisse durch gezielte Personalisierung antizipiert und individuell angesprochen werden können (Sheth, Sisodia und Sharma 2000, S. 55; Unni und Harmon 2007, S. 32). Um dies realisieren zu können, benötigen Unternehmen persönliche, demographische sowie zeit- und inhaltsbezogene Daten, um so personalisierte Kundenprofile anlegen zu können (Kraus 2011, S. 6; Roussos, Peterson und Patel 2003, S. 85). Darüber hinaus ermöglicht das Global Positioning System (GPS) Unternehmen mittlerweile auch ortsbasierte Kundendaten in Echtzeit zu verwenden, um Kunden anzusprechen (Beinat 2011, S. 14-15; King und Jessen 2010, S. 9). Letzteres öffnet den Markt für ortsbasiertes Marketing (Location-based Marketing) in Form von mobilen Applikationen (Location-based Services), die dem Konsumenten auf Basis seines Aufenthaltsortes individuelle Inhalte bereitstellen, „wenn es für ihn besonders relevant ist: in der Kaufsituation" (Gupta, Xu und Pan 2011, S. 1; Riekhof und Brinkhoff 2015, S. 6). Im Praxisbeispiel würde dies bspw. so funktionieren, dass einem potentiellen Kunden, mittels einer Applikation, digitale Rabatt-Coupons auf sein Smartphone geschickt werden, die er in Geschäften einlösen kann, die sich in seiner unmittelbaren Nähe befinden (Xu, Luo, Carroll und Rosson 2011, S. 45). Eine Umfrage unter Smartphone-Nutzern aus dem Jahr 2012 ergab, dass es sich bei ca. 30% der genutzten mobilen Applikationen um Location-based Services (LBS) handelt (Goldmedia 2013, S. 28). Diese werden 2014 zudem von 67% der deutschen Smartphone-Nutzer verwendet (Goldmedia 2014, S. 41). Zwar ist der LBS-Markt im Vergleich zum gesamten deutschen Werbemarkt noch eine Nische, jedoch wird für die Zukunft ein starkes Wachstum prognostiziert (ebd., S. 43-44; Peterson und Groot 2009, S. 22). So stiegen die von LBS generierten Umsätze 2014 bereits um 40% auf 97 Mio. EUR und sollen sich bis 2018 mit 209 Mio. EUR mehr als verdoppeln (Goldmedia 2014, S. 18). Jedoch gibt es noch Hindernisse, die von Unternehmen überwunden werden müssen, um die Verbreitung von LBS weiter voranzutreiben (ebd., S. 58). So werden insbesondere ortsbezogene Daten von Nutzern als sensibel und persönlich empfunden. Das vermehrte Sammeln und die Nutzung dieser Daten durch Anbieter von ortsbezogenen Diensten, könnten so zu wachsenden Datenschutz-Befürchtungen der Konsumenten führen, die kaum Kontrolle darüber haben, was online mit ihren Daten geschieht (Cleff 2010, S. 160). So geben 64% der befragten Deutschen in einer Studie von 2014 an, dass sie sich bei der Nutzung von LBS unsicher fühlen (Goldmedia 2014, S. 41). Dass Konsumenten die Nutzung von Technologien oder Anbietern bei denen sie ihre Daten als unsicher betrachten meiden könnten, hat die Forschung bspw. im E-Commerce in einer Vielzahl von Studien bereits empirisch nachgewiesen (Dinev und Hart 2006, S. 61; Smith, Dinev und Xu 2011, S. 1001). Bei diesen Untersuchungen wurde jedoch der Faktor der Ortsbezogenheit der Kundendaten, die von Unternehmen gesammelt werden, nicht miteinbezogen (Sun, Wang, Shen und Zhang 2015, S. 279; Xu, Teo und Tan 2005, S. 897).

Diese Erkenntnis nimmt sich die vorliegende Arbeit zum Anlass, um zu untersuchen, welche Auswirkungen die in der Forschung gemeinhin als Privacy Concerns bezeichneten Sorgen der Nutzer um ihre persönlichen Daten und die empfundenen Risiken die damit verbunden sind, dass sie ihre Daten zur Verfügung zu stellen (Privacy Risks), auf die Akzeptanz und Verbreitung von LBS ausüben und was ihre Auslöser sind (Featherman und Pavlou 2003, S. 455). Zwar ist die Thematik noch relativ jung, jedoch gibt es bereits eine Reihe empirischer Forschungsergebnisse auf diesem Gebiet, die nach aktuellem Kenntnisstand im Hinblick auf diese Fragestellung noch nicht verglichen und analysiert worden sind (Xu et al. 2011, S. 49) Dies kann für Unternehmen jedoch von besonderer Relevanz sein, um das Konzept und die Wirkungsweisen von Privacy Concerns und Privacy Risks auf die Nutzungsintention von LBS zu verstehen und Maßnahmen ergreifen zu können, um diese zu senken und den Online-Datenschutz zu verbessern (Hin, Tanamal, Yi, Ling, Yahya und Ho 2015, S. 961; Junglas, Johnson und Spitzmüller 2008, S. 388; Unni und Harmon 2007, S. 28).

Im Hinblick auf die identifizierte Forschungslücke, ist es das Ziel dieser Arbeit, aufzudecken, durch welche Faktoren Privacy Concerns und Privacy Risks im Kontext von Location-based Marketing determiniert werden und welche Konsequenzen diese nach sich ziehen. Dies soll mittels einer Literaturübersicht erarbeitet werden. Zudem soll sich die Arbeit mit der Frage beschäftigen, welche Implikationen sich für die Managementpraxis aus den bisherigen Forschungsergebnissen ableiten lassen, um Privacy Concerns und Privacy Risks im Kontext von Location-based Marketing zu senken. Dazu sollen die Ergebnisse diskutiert und Maßnahmen vorgeschlagen werden.

Nachdem im ersten Kapitel bereits ein einleitender thematischer Überblick sowie die Relevanz der Forschungsfragen dargelegt worden sind, soll im zweiten Kapitel zunächst auf den theoretischen Bezugsrahmen dieser Arbeit eingegangen werden. Das dritte Kapitel widmet sich der Darstellung der verwendeten Methodik zur Durchführung einer Literaturübersicht. Dazu sollen u.a. Kriterien der Literaturauswahl festgelegt werden. Auf Grundlage dessen werden im vierten Kapitel die Einflussfaktoren und Konsequenzen von Privacy Concerns und Privacy Risks herausgearbeitet und anschließend diskutiert, um daraus Maßnahmen für die Praxis ableiten zu können. Abschließend werden die gewonnen Erkenntnisse im fünften Kapitel in Form eines Fazits zusammengefasst und zusätzlich Limitationen dieser Arbeit sowie zukünftige Forschungsmöglichkeiten aufgezeigt.

2 Theoretischer Bezugsrahmen

Im Verlauf dieses Kapitels sollen zunächst die zentralen Begrifflichkeiten definiert und erläutert werden, die dieser Arbeit als Grundlage dienen. Neben einer Einführung in den Online-Datenschutz, die damit zusammenhängende Besorgnis der Nutzer und Möglichkeiten diese zu messen, sollen Begrifflichkeiten im Kontext des Location-based Marketings definiert und voneinander abgegrenzt werden.

2.1 Online-Datenschutz und Privatsphäre-Bedenken in der Forschung

Seitdem Warren und Brandeis (1890, S. 193) Datenschutz erstmals als das „right to be let alone" formulierten, entwickelte sich die Sorge um den Schutz persönlicher Daten zunehmend in Abhängigkeit von neuen, fortschrittlichen Informationstechnologien die es möglich machen Daten zu speichern, abzurufen oder auszutauschen (Culnan 1993, S. 343; Junglas, Johnson und Spitzmüller 2008, S. 388). Diese Sorge bezieht sich vor allem auf die zweckentfremdete, unerlaubte Nutzung und Verbreitung von persönlichen Daten durch Außenstehende (Pavlou 2011, S. 981).

Die vom Konsumenten empfundene Privatsphäre wird maßgeblich von externen Einflüssen wie neuen Technologien und Organisationen beeinflusst, die Kundendaten für ihre Zwecke verwenden. Dies führte dazu, dass sich die Forschungsliteratur im Bereich von Informationssystemen (IS), vermehrt mit dem Thema Online-Datenschutz beschäftigt (Armstrong und Ruggles 2005, S. 64; Westin 2003, S. 434, 451). So sind es Privacy Concerns die bspw. die Nutzungsbereitschaft von Konsumenten im E-Commerce negativ beeinflussen (TRUSTe 2014, S. 1; Yuan 2011, S. 454). Westin (1967, S. 7) beschreibt Datenschutz zudem als "the ability of the individual to control the terms under which personal information is acquired and used." Diese Kontrolle über die Verbreitung und Nutzung persönlicher Daten wird von Unternehmen und Konsumenten gleichermaßen als eines der Hauptmerkmale des Datenschutzes verstanden (Phelps, Nowak und Ferrell 2000, S. 29). Daher hat ein Kontrollverlust eine Erhöhung der Privacy Concerns und der empfundenen Privacy Risks zur Folge (ebd., S. 27; Sheehan und Hoy 2000, S. 63). Privacy Risks sind eine Dimension des Modells Perceived Risk (wahrgenommenes Risiko). Dieses wahrgenommene Risiko bezieht sich auf die Assoziation der Nutzer, dass durch die Bereitstellung ihrer persönlichen Daten ein Verlust erlitten werden könnte (Featherman und Pavlou 2003, S. 455).

In der IS-Forschung existieren zwei dominierende Modelle, die als besonders geeignet gelten, um die Besorgnis der Nutzer in Bezug auf ihre Daten und ihre Privatsphäre zu analysieren (Culnan und Bies 2003, S. 326; Xu, Teo, Tan und Agarwal 2012, S. 1343). Diese werden im Folgenden vorgestellt. Laufer und Wolfe (1977, S. 37) legen mit ihrem Calculus of Behavior (Verhaltenskalkül) den Grundstein für die Privacy Calculus-Theorie (Privatsphäre-Kalkül). Diese besagt, dass die Absicht eines potentiellen Kunden, seine Daten zur Verfügung zu stellen, von seinem daraus resultierenden Ergebnis (Outcome) abhängt. Dieses Ergebnis wird sowohl vom Nutzen (Benefits), als auch von Datenschutz-Risiken (Privacy Risks) determiniert, die der Nutzer vor seiner Entscheidung in einer Risiko-Nutzen-Analyse gegeneinander abwägt. Im Kontext der LBS bedeutet dies bspw., dass ein Konsument sich dazu bereit erklärt, seine persönlichen Daten zur Verfügung zu stellen (Information Disclosure), wenn der Nutzen der sich daraus ergibt, bspw. ein besserer Service oder personalisierte Angebote und Rabatte, die Risiken der Datenbereitstellung überwiegt (Culnan und Bies 2003, S. 327). Die Absicht seine Daten zur Verfügung zu stellen, wird dabei häufig als die Absicht verstanden LBS zu verwenden (Adoption) (Keith, Babb Jr., Furner und Abdullat 2010, S. 4-5). In der Forschungsliteratur werden Nutzen und Risiko des Privacy Calculus-Modells je nach Studie variabel festgelegt (Li 2012, S. 471). Auf die jeweils ausgewählten Faktoren wird in der Literaturübersicht näher eingegangen.

Eine weitere häufig genutzte Möglichkeit, um Privacy Concerns zu messen ist das Modell Concerns for Information Privacy (CFIP) von Smith, Milberger und Burke (1996, S. 172), das die Dimensionen Collection, Errors, Unauthorized Secondary Use und Improper Access to Information beinhaltet. Collection beschreibt die Sorge der Nutzer um die Menge der persönlichen Daten, die von Unternehmen gesammelt und gespeichert werden. Der Begriff Errors bezieht sich auf die Fehlinterpretation oder Ungenauigkeit von Daten, welche die Präferenzen des Nutzers falsch widerspiegeln könnten. Unauthorized Secondary Use definiert sich als die Sorge, dass Daten, dem eigentlichen Zweck entfremdet, von Dritten genutzt werden, für die sie ursprünglich nicht bestimmt waren. Improper Access meint die Besorgnis, dass persönliche Daten von Personen oder Organisationen benutzt werden, die keine Befugnis dazu besitzen (Hin et al. 2015, S. 962). Dieses Modell wurde später von Stewart und Segars (2002, S. 46-47) erneut validiert und Malhotra, Kim und Agarwal (2004, S. 336) übertrugen es als Internet Users' Information Privacy Concerns (IUIPC) auf Internet-Nutzer. Trotz dieser Anpassung findet das ursprüngliche CFIP-Modell nach wie vor die häufigste Anwendung im Bereich der Forschung von Privacy Concerns im Kontext von LBS (Hin et al. 2015, S. 962; Xu, Gupta und Pan 2009, S. 5; Xu et al. 2012, S. 1343).

Zudem existieren zwei verschiedene Perspektiven aus denen Privacy Concerns betrachtet und untersucht werden: Die allgemeine Sorge (General Concerns) und die kontextspezifische Sorge (Specific Concerns). General Concerns beziehen sich auf die allgemeine Sorge um den Verlust persönlicher Daten im gesamten Kontext von E-Commerce, während Specific Concerns sich auf bestimmte Technologien oder Webseiten und ihren Umgang mit persönlichen Daten beziehen (Xu et al. 2012, S. 1344; Sheehan 2002, S. 22). Die dieser Arbeit zu Grunde liegende Forschungsliteratur beschäftigt sich hauptsächlich mit der kontextspezifischen Variante im Rahmen von LBS und untersucht dazu verschiedene Einflussfaktoren.

2.2 Location-based Marketing

Zwar findet Location-based Marketing (LBM) in der wissenschaftlichen Forschung bereits seit ca. zehn Jahren Beachtung, jedoch ist die Literatur, in der allgemeingültige Definitionen zu finden sind, relativ begrenzt (Richard und Meuli 2013, S. 699; Zhou 2015, S. 414). Zudem nutzen Autoren im LBM-Kontext eine Vielzahl an unterschiedlichen Begrifflichkeiten, die teilweise die gleiche Bedeutung haben, teilweise aber auch fälschlicherweise synonym verwendet werden (Küpper 2005, S. 1). Daher soll im Folgenden nunmehr der Versuch unternommen werden, die Begrifflichkeiten, die für diese Arbeit relevant sind, voneinander abzugrenzen und zu definieren.

LBM versteht sich als eine Teildisziplin des Mobile Marketings (MM) (Tahtinen 2005, S. 160; Unni und Harmon 2007, S. 28). Dazu ist es hilfreich zunächst einen Blick auf die Definition von MM zu werfen. Scharl, Dickinger und Murphy (2005, S. 165) definieren es als die Bereitstellung von personalisierten Informationen über Produkte, Ideen oder Services (Dienstleistungen) auf einem mobilen Endgerät, also theoretisch an jedem Ort und zu jedem Zeitpunkt, sodass für alle Beteiligten ein Nutzen entsteht. Diese Definition berücksichtigt jedoch nicht die Ortsabhängigkeit der Werbeaktivitäten, die ein zentrales Merkmal von LBM darstellt. Dem kommt jedoch die Mobile Marketing Association (MMA) (2011, S. 4) nach. Diese beschreibt LBM als jede Kampagne, Applikation oder Dienstleistung die ortsbasierte Daten miteinbezieht, um somit verbesserte Marketing-Inhalte bereitstellen zu können. Der Standort des Nutzers kann dabei zum einen durch seine manuelle Angabe oder u.a. durch die IP-Adresse, Wi-Fi oder GPS festgestellt werden (BVDW e.V. 2015, S. 2). Für Unni und Harmon (2007, S. 28) bein-

halten LBM-Aktivitäten außerdem alle Instrumente des Marketing-Mixes in einem ortsbasierten Kontext.

2.2.1 Location-based Advertising

Ortsbasierte Werbung (Location-based Advertising) verstehen Unni und Harmon (2007,
S. 28) als eine untergeordnete Teildisziplin von LBM. Location-based Advertising
(LBA) ist demnach gezielte Werbung auf einem mobilen Endgerät, die von einem Anbieter stammt, der Kenntnis über den Aufenthaltsort des Konsumenten hat. Es lässt sich
im Rahmen des Marketing Mixes am ehesten in die Kommunikationspolitik einordnen,
da es im Schwerpunkt auf verkaufsfördernde Werbemaßnahmen abzielt (ebd.). Im LBA
lassen sich zwei Strategien unterscheiden, wie Unternehmen Werbung an den Nutzer
übermitteln können. Im push-basierten Verfahren wird einem Nutzer Werbung auf sein
mobiles Endgerät geschickt, ohne dass er diese in dem Moment explizit anfragt. Der
potentielle Kunde erhält die Werbung auf Basis seines Aufenthaltsortes sowie anfangs
angegebener Produkt- oder Leistungspräferenzen, sodass die Inhalte für ihn tendenziell
von hoher Relevanz sind. Mit push-basierten LBA wird dem Nutzer Kontrolle entzogen,
weil er den Zeitpunkt, zu dem er Werbeinhalte empfängt, nicht steuern kann (Paavilainen 2002, S. 107; Unni und Harmon 2007, S. 30). Dies kann als aufdringlich oder stö-
rend empfunden werden, wenn der Konsument bspw. dadurch von seiner eigentlichen
Tätigkeit abgelenkt wird. Andererseits kann es als Kaufanreiz dienen und Impulskäufe
stimulieren, bzw. vom Nutzer als angenehm und zufriedenstellend empfunden werden,
da er nicht aktiv werden muss, um personalisierte Werbung zu erhalten und ihm die
eigenständige Orientierung nach Angeboten erspart bleibt (Unni und Harmon 2007, S.
30). Hierzu sammeln LBA-Anbieter u.a. Informationen über das Verhalten und die Präferenzen des Nutzers, um seine Bedürfnisse bestmöglich antizipieren zu können (Montgomery und Smith 2009, S. 130; Wicker 2012, S. 66).
Anders gestaltet es sich im pull-basierten Verfahren. Hier liegt die Kontrolle beim Konsumenten, der bspw. via Smartphone aktiv eine Anfrage an den LBA-Anbieter stellen
muss, bevor er unmittelbar danach die gewünschten Inhalte empfängt (Unni und Harmon 2007, S. 30). Solche Inhalte können sowohl verkaufsfördernde Aktionen und spe-
zielle Produkt- sowie Leistungsangebote, als auch Werbeanzeigen sein, die zum Brand-
building beitragen (Barwise und Strong 2002, S.17). Diese Werbeanzeigen tauchen
entweder als Banner innerhalb einer mobilen Applikation auf (Location-based Banner
Advertising), werden per SMS oder MMS an den Nutzer verschickt (Location-based

Messaging) oder erscheinen bspw. als Push-Benachrichtigung, die von Applikationen ausgelöst werden, auf dem mobilen Endgerät (Location-based Mobile Applications). Letzteres findet Anwendung im Rahmen von standortbezogenen Diensten (Lin, Paragas, Goh und Bautista 2015, S. 4).

2.2.2 Location-based Services

Standortbezogene Dienste bzw. Location-based Services bilden ebenfalls ein Teilgebiet von LBM, was die bereits aufgeführten Definitionen von LBM verdeutlichen. Unni und Harmon (2007, S. 28) definieren LBS zudem als Dienste, die durch Informationen über den Standort eines mobilen Endgeräts angereichert werden. Zudem haben sie das Potential für den Konsumenten einen Mehrwert zu generieren, indem sie ortsbasierte Informationen bereitstellen, Unterhaltung bieten oder die Ausführung von Tätigkeiten unterstützen. Als Beispiele nennen die Autoren u.a. sicherheits- und notfallbezogene Dienste, Navigationsdienste und ortsbasierte Werbung (Jagoe 2002, S. 1-3; Unni und Harmon 2003, S. 416-417). Demnach wird LBA auch im Rahmen von LBS genutzt und lässt sich somit als Teilgebiet dessen betrachten (Zhou 2012, S. 135). In der folgenden Abbildung soll eine vereinfachte Übersicht der abgegrenzten Begrifflichkeiten und ihrer Zusammenhänge veranschaulicht werden.

Abbildung 1: Einordnung der ortsbezogenen Marketingbegriffe in das Mobile Marketing

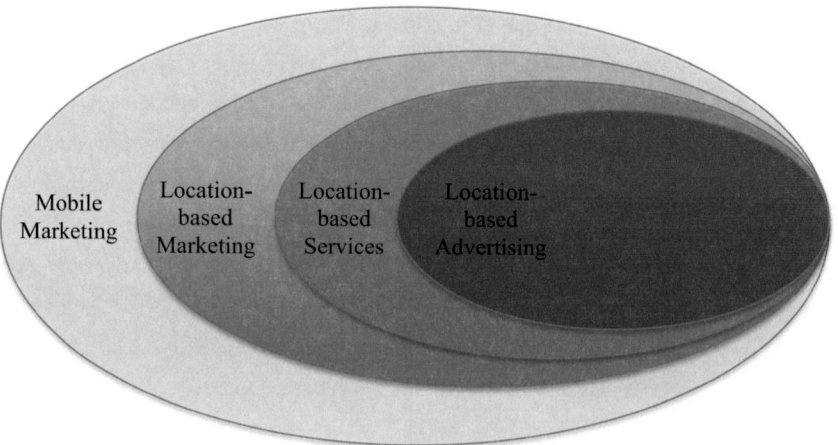

3 Methodisches Vorgehen

Nachdem im zweiten Kapitel der theoretische Bezugsrahmen dieser Arbeit erläutert worden ist, soll nachfolgend unter Berücksichtigung der Forschungsfragen eine systematische Literaturübersicht erstellt werden. Darin sollen die Forschungsergebnisse gebündelt dargestellt und miteinander verglichen werden, um darauf basierend Schlussfolgerungen für die Praxis ziehen zu können (Fink 2010, S. 3-5). Dabei liegt der Fokus dieser Arbeit auf empirischer Forschungsliteratur, in der die Sorge der Nutzer in Bezug auf Online-Datenschutz und Privatsphäre im Kontext des LBMs untersucht werden.

Für den Beginn des zeitlichen Rahmens der Literaturrecherche wird das Jahr 2007 gewählt, da in diesem Zeitraum das erste iPhone auf dem Handymarkt eingeführt worden ist (Apple 2007). Dieses beschleunigte durch seinen voll funktionsfähigen Internet-Browser und den implementierten App-Store, die Verbreitung von LBS auf mobilen Endgeräten und sorgte somit für ein wachsendes Interesse der IS-Forschung auf diesem Gebiet (Kenney und Pon 2011, S. 248; Malik 2009; Okazaki 2011, S. 59). Für die Literaturübersicht werden somit maßgeblich empirische Publikationen berücksichtigt, die nach 2007 veröffentlicht worden sind. Durch dieses Auswahlkriterium soll die Relevanz und Aktualität dieser Arbeit im Hinblick auf die Implikationen für die Managementpraxis im Bereich des LBMs gewährleistet werden (Junglas, Johnson und Spitzmüller 2008, S. 397; Xu, Teo und Tan 2005, S. 899). Die Publikationen stammen demnach aus dem Zeitraum 2007-2015. Für die Recherche wurde eine Reihe von wissenschaftlichen, interdisziplinären Datenbanken gewählt, um eine möglichst umfassende Literaturübersicht erstellen zu können.[1] Dazu wurde eine gezielte Auswahl von Suchbegriffen verwendet.[2] Zudem wurde eine manuelle Rückwärtssuche und eine durch die Datenbanken bereitgestellte Vorwärtssuche durchgeführt, um zusätzliche Primärliteratur ausfindig zu machen (Webster und Watson 2002, S. xvi). Als ein weiteres Kriterium der Literaturauswahl wurde die Bewertung der Journal-Artikel festgelegt. Hierzu wurden maßgeblich Publikationen herangezogen, die im Rahmen des VHB-Jourqual3-Rankings mit A+ oder A bewertet worden sind, um die Arbeit auf einer möglichst repräsentativen wissenschaftlichen Grundlage aufzubauen (VHB 2015). In Anbetracht der noch jungen Forschung auf dem Themengebiet wurden vereinzelt auch geringer eingestufte, sowie nicht bewertete Artikel und Conference Proceedings mit einbezogen, um eine „Verengung

---

[1] Datenbanken: Emerald, Google Scholar, Business Source Elite/Premier, Oxford Journals, ABI/INFORM, EconLit, Science Direct
[2] Suchbegriffe: „Location-based Services", „Location-based Marketing", „Location-based Advertising", „Privacy Concerns", „Privacy Risks", „CFIP", „Privacy Calculus", „Information Disclosure"

des Blickfeldes" (Sureth 2015) auf die Forschung zu vermeiden und die Ergebnisse dieser Arbeit nicht zu verzerren (Levy und Ellis, 2006 S. 187; Xu et al. 2011, S. 49). Im Rahmen der Literaturübersicht werden insgesamt 19 Peer-reviewed-Artikel aus anerkannten internationalen Magazinen sowie Conference Proceedings berücksichtigt (Rowley und Slack 2004, S. 34; Webster und Watson 2002, S. xvi).

4   Literaturübersicht

Der Aufbau der Literaturübersicht folgt einer konzeptuellen Organisation und untergliedert die Forschungsergebnisse in Bezug auf die Einflussfaktoren und die Konsequenzen von Privacy Concerns und Privacy Risks (Cooper 1988, S. 111-12). Innerhalb dieser Gliederung werden die Einflussfaktoren in Anlehnung an Yuan (2011, S. 460-64) nach folgenden Unterkategorien gruppiert, wobei diese aus Gründen der Trennschärfe zusätzlich an die Konzeption der Forschungsliteratur, die dieser Arbeit zugrunde liegen, angepasst worden sind: „Methodik der Kundenansprache", „Individuelle Persönlichkeitsmerkmale und Erfahrungen", „Datenschutz-Richtlinien durch Unternehmen und Regierungen" und "Eigenschaften von LBS-Applikationen". Die Kategorisierung wurde ebenso für die Konsequenzen vorgenommen. Hier wurden die Kategorien „Vertrauen", „Erwartungshaltung der Nutzer gegenüber LBS" und „Nutzungsabsicht" identifiziert (Yuan 2011, S. 464-65). Innerhalb dieser Kategorien werden die Forschungsergebnisse in einer historischen Organisation strukturiert, also in chronologischer Reihenfolge des jeweiligen Veröffentlichungsdatums, um etwaige Entwicklungen in der Forschung anschaulicher und aufeinander aufbauend darstellen zu können (Cooper 1988, S.111-12). Eine Übersicht der Einflussfaktoren von Privacy Concerns und Privacy Risks sowie den daraus resultierenden Konsequenzen befinden sich in Tabelle 1 bzw. in Tabelle 2 im Anhang dieser Arbeit.

4.1   Einflussfaktoren von Privacy Concerns und Privacy Risks

4.1.1 Methodik der Kundenansprache

Unni und Harmon (2007, S. 36) untersuchen in ihrer Studie u.a. welchen Einfluss push- bzw. pull-basiertes LBA auf Privacy Concerns ausübt. Die push-basierte Variante wirkt trotz Zustimmung des Nutzers aufdringlich auf ihn, er empfindet einen Kontrollverlust und hat somit größere Sorge um seine Daten. Bei der pull-basierten Strategie dagegen ist die Besorgnis des Nutzers geringer, da er erst eine konkrete Anfrage stellen muss, um LBA zu erhalten, also über mehr Kontrolle verfügt (ebd., S. 30, 32). Zudem testen die Autoren die Auswirkungen verschiedener Inhalte von LBA auf Privacy Concerns. Es wird zwischen Promotional Advertising und Brand Advertising unterschieden. Während Promotional Advertising mit speziellen Kaufanreizen wie Preisaktionen wirbt, soll mit Brand Advertising die gezielte Bekanntmachung einer Marke gewährleistet werden (Barwise und Strong 2002, S. 17; Clayton und Heo 2011, S. 310). Die Hypothese der

Autoren, dass Promotional Advertising und Brand Advertising keinen signifikant unterschiedlichen Einfluss auf Privacy Concerns haben, konnte nicht bestätigt werden. Stattdessen zeigen die Ergebnisse, dass Promotional Advertising einen höheren positiven Einfluss auf Privacy Concerns ausübt, als Brand Advertising. Dies kann damit zusammenhängen, dass Nutzer das Gefühl haben, sie müssten im Gegenzug für einen Preisvorteil oder Rabatt mehr persönlichen Informationen bereitstellen (Unni und Harmon 2007, S. 36).

Xu et al. (2011, S. 42) untersuchen in ihrer Studie den Einfluss von offenkundiger und verborgener Personalisierung (Overt/Covert Personalization) auf das Privacy Calculus-Modell im Kontext von LBA. Dabei ähneln die offenkundige und die verborgene Variante der Personalisierung dem Konzept von push- bzw. pull-basierten LBA (Unni und Harmon 2007, S. 30). Man spricht von Personalisierung, wenn ein Unternehmen ein Produkt oder Service individuell auf den Konsumenten zuschneidet und dabei seine diesbezüglichen persönlichen Präferenzen berücksichtigt (Chellappa und Sin 2005, S. 181). Für LBA bedeutet das, dass ein potentieller Konsument seine persönlichen Daten zu Verfügung stellt und darauf basierend auf ihn zugeschnittene Werbeanzeigen auf sein mobiles Endgerät erhält (Xu et al. 2011, S. 43). Während sich der Nutzer bei der verborgenen Sammlung von persönlichen Daten, dessen bis zum Erhalt der Werbeanzeige nicht bewusst ist, hat er bei der offenkundigen Sammlung von Daten zuvor seine Zustimmung erteilt (ebd.). Die offenkundige Sammlung von Daten wird dabei auch als aktive Anfrage vom Kunden verstanden, der sich über eine Applikation nach Angeboten erkundigt (Montgomery und Srinivasan 2002, S. 123-24).
In diesem Fall sind die vom Kunden bereitgestellten Daten für den LBA-Anbieter nur von kurzlebiger Relevanz, da sie lediglich für den augenblicklich angefragten Kundenauftrag nutzbar sind. Bspw. für die Anfrage, ob für ein Fast-Food Restaurant in seiner näheren Umgebung Gutscheine verfügbar sind. Dagegen erlaubt die verborgene Sammlung von Daten zwecks Personalisierung mehr Flexibilität und dynamischere Inhalte mit denen eine bestimmt Zielgruppe angesprochen wird. Dies kann für einen Nutzer dieser Zielgruppe u.U. als angenehmer wahrgenommen werden, da Inhalte automatisch an ihn angepasst werden, ohne dass er aktiv tätig werden muss (Kendall und Kendall 1999, S. 3-4). Somit wird diese Form der Personalisierung auch als passiv bezeichnet (Montgomery und Srinivasan 2002, S. 2-3). Die Autoren stellen fest, dass die offenkundige Personalisierung keinen Einfluss auf das vom Nutzer wahrgenommene Datenschutz-

Risiko ausübt. Lediglich für die verborgene Personalisierung liegt ein signifikant positiver Einfluss und somit ein empfundenes Risiko vor. Dies könnte damit zusammenhängen, dass Konsumenten die offenkundige Sammlung von Daten, im Gegensatz zur verborgenen Personalisierung, mit einem gewissen Kontrollgefühl assoziieren. Der Einfluss der Personalisierung auf den Nutzen des Konsumenten, der dadurch entsteht seine Daten zur Verfügung zu stellen, konnte dagegen sowohl für die offenkundige, als auch für die verborgene Variante festgestellt werden (Xu et al. 2011, S. 47). Eine mögliche Erklärung dafür ist, wie bereits erwähnt, dass der Nutzer in der verborgenen Variante nicht aktiv werden muss und Inhalte automatisch zugeschickt bekommt, was er als Nutzen empfindet (ebd., S. 50). Dieser Nutzen überwiegt die durch die verborgene Personalisierung entstehenden Privacy Risks, was dazu führen könnte, dass der Konsument sie bei seiner Entscheidung LBA zu empfangen, als irrelevant erachtet (ebd., S. 47-49).

Zhou (2015, S. 30) testet in seiner Studie den negativen Einfluss von Contextual Offering (kontextbasierte Angebote) auf Privacy Risks. Contextual Offering bedeutet, dass dem Nutzer auf Basis seines Aufenthaltsortes und seiner Vorlieben, für ihn relevante Informationen bereitgestellt werden. Dadurch muss der Nutzer weniger Aufwand darauf verwenden, nach passenden Informationen zu suchen (ebd., S. 28). Laut Zhou könnten etwaige Privacy Risks somit kompensiert werden. Einen negativen Einfluss kann Zhou jedoch nicht nachweisen (ebd., S. 33). Dies könnte damit zusammenhängen, dass kontextbasierte Angebote die Privacy Risks der Nutzer durch ihre Genauigkeit eher erhöhen, als sie zu senken, d.h. einen positiven Einfluss auf Privacy Risks ausüben. Schließlich wird dem Nutzer erst durch die Relevanz der für ihn bereitgestellten Informationen bewusst, welche umfassenden Daten dem Anbieter von LBS zur Verfügung stehen könnten.

4.1.2 Individuelle Persönlichkeitsmerkmale und Erfahrungen

In der Arbeit von Junglas, Johnson und Spitzmüller (2008, S. 387) wird angenommen, dass Persönlichkeitsmerkmale und insbesondere die Big Five (Fünf-Faktoren-Modell) Einfluss auf das CFIP-Konstrukt, also auf Privacy Concerns ausüben (Herzberg 2010, S. 69). Zu den Big Five gehören folgende Persönlichkeitsmerkmale: Agreeableness, also Verträglichkeit, d.h. die Neigung sich in zwischenmenschlichen Konflikten zurückzuhalten bzw. nach Harmonie zu streben und Vertrauen zu haben. Conscientiousness, also die Gewissenhaftigkeit, d.h. zielstrebig, aufmerksam und bedacht zu agieren und hohe Ansprüche zu haben. Openness to Experience, d.h. offen zu sein für Erfahrungen, das Bedürfnis nach Vielfalt, Neuheiten und die Neugier eines Individuums. Extraversion, also die Veranlagung eines Individuums positive Erfahrungen machen zu wollen und sich durch Optimismus und Gemeinschaftssinn auszuzeichnen und Neuroticism, also der Hang zur Trauer, emotionaler Labilität und Hoffnungslosigkeit (McCrae und Costa Jr. 2011, S. 164; Yuan 2011, S. 461). Diese Merkmale lassen sich mit dem CFIP-Modell verknüpfen und sind wesentliche Faktoren, um zu verstehen, wie Individuen Informationen verarbeiten und wodurch ihr Verhalten ausgelöst wird (Benbasat und Dexter 1982, S. 8; Hin et al. 2015, S. 962). Außerdem sind sie eine geeignete Messgröße, da sie im Leben eines Individuums relativ stabil bleiben (McCrae und Costa Jr. 1991, S. 229). Dabei finden die Autoren heraus, dass der Faktor Collection des CFIP-Modells nur eine geringe Gewichtung durch die Befragten erfährt (Junglas, Johnson und Spitzmüller 2008, S. 394-95). Dieses Phänomen ähnelt den Forschungsergebnissen von Mao und Zhang (2013, S. 50). Hier ergab sich für den Einfluss von Collection auf Privacy Concerns kein signifikanter Zusammenhang. Dies kann z.B. auf die Unwissenheit der Nutzer von LBS zurückzuführen sein, die nicht bemerken, dass ihre Daten vom LBS-Anbieter genutzt werden. Als weiterer Grund wird hier angeführt, dass das bloße sammeln von Daten weniger zur Besorgnis des Nutzers beiträgt, als bspw. die unerlaubte Nutzung dieser Daten für andere Absichten. Die Vorteile die den Nutzern durch LBS entstehen, überwiegen in diesem Fall die Besorgnis, dass persönliche Daten genutzt werden. Letzteres wird zudem dadurch bestätigt, dass 57% der Befragten LBS als nützlich erachten (Junglas, Johnson und Spitzmüller 2008, S. 394-95). Im Gegensatz zu Agreeableness, Conscientiousness und Openness to Experience, haben Extraversion und Neuroticism keinen Einfluss auf das CFIP-Konstrukt. Während Conscientiousness und Openness to Experience in einem positiven Zusammenhang zu Privacy Concerns stehen, diese also erhöhen, liegt für Agreeableness ein negativer Zusammenhang vor. Daraus lässt sich ableiten, dass verträgliche Individuen, die eher zu Vertrauen bereit sind, weniger Sorge um ihre Privatsphäre empfinden. Anders bei Individuen die stets offen für Neues sind und die potentielle Bedrohung ihrer Privatsphäre, basierend auf Erfahrungen, eher zu erkennen vermögen. Gleiches kann für Individuen gelten die bedächtig agieren (ebd., S. 393). Aufbauend auf diesen Forschungsergebnissen haben Hin et al. (2015, S. 961) eine Studie durchgeführt, die u.a. ebenfalls den Einfluss der Big Five Persönlichkeitsmerkmale auf die Faktoren des CFIP-Modells untersucht. Hauptanlass dieser Arbeit ist dabei die Limitation der Studie von Junglas, Johnson und Spitzmüller

(2008, S. 397), die zu einem Zeitpunkt durchgeführt worden ist, als die Kommerzialisierung von LBS noch nicht sehr verbreitet war.

Im Gegensatz zu der Ausgangsstudie von Junglas, Johnson und Spitzmüller (2008, S. 387) wurden die Zusammenhänge der Big Five Persönlichkeitsmerkmalen mit jedem Einzelnen der vier Komponenten des CFIP Modells geprüft (Collection, Improper Access, Erros, Scondary Use). Die Resultate der Studie zeigen, dass die meisten Zusammenhänge entweder schwach oder aber nicht signifikant sind. Eine mögliche Ursache dafür könnte sein, dass die Big Five normalerweise im Zusammenspiel auftreten, hier jedoch einzeln untersucht worden sind. Lediglich der positive Einfluss von Openness to Experience auf Privacy Concers, wird in beiden Studien nachgewiesen (ebd., S. 395; Hin et al. 2015, S. 964). Die Tatsache, dass bei Hin et al. signifikante Zusammenhänge zwischen Conscientiousness und Improper Access und Conscientiousness und Errors existieren, deutet auf ein hohes Bewusstsein der potentiellen LBS Nutzer, hinsichtlich ihres Umgangs mit Informationen hin. D.h. wie viele Informationen sie zur Verfügung stellen und ob diese Informationen der Wahrheit entsprechen. Der positive Zusammenhang zwischen Agreeableness und Secondary Use kann so erklärt werden, dass Individuen die über ein hohes Level an Verträglichkeit verfügen, feinfühliger sind und sich somit eher vorstellen können, wie es ist, wenn ihre Daten an Dritte weitergegeben werden, was wiederum zu Privacy Concerns führt (Hin et al. 2015, S. 964). Auch Xu et al. (2012, S. 1348) testen den Einfluss von Persönlichkeitsmerkmalen auf das CFIP-Modell. Die hier untersuchten Merkmale sind Desire for Information Control, also das Kontrollverlangen über seine Daten gegenüber der Nutzung durch Organisationen und Trust Propensity, also die Neigung anderen zu Vertrauen, indem man sich auf sie verlässt (McKnight, Choudhury und Kacmar 2002, S. 339; Phelps, Nowak und Ferrell 2000, S. 29). Dabei wurden die Persönlichkeitsmerkmale als nicht signifikant getestet, was im Widerspruch zu bisheriger Forschung steht. Dies könnte bspw. damit zusammenhängen könnte, dass diese bisher nicht im spezifischen LBS-Kontext (Specific Concerns), sondern im Rahmen allgemeiner Privacy Concerns-Forschung (General Concerns) untersucht worden sind. In den Studien von Zhou (2011, S. 219; 2012, S. 140; 2013, S. 418; 2015, S. 33) und Fodor und Brem (2015, S. 348) konnte das Vertrauen der Nutzer (Trust), dagegen als negativer Einflussfaktor auf Privacy Risks nachgewiesen werden. Anders als bei Xu et al. (2012, S. 1348) wird Vertrauen hier jedoch nicht als persönliche Neigung, sondern als eine Erwartungshaltung verstanden, die durch das zukünftige Verhalten des LBS-Anbieters positiv beeinflusst wird, wenn dieser die Interessen des Kunden wahrt und seine Leistungsversprechen einhält (Fodor und Brem 2015, S. 346; Zhou 2015, S. 36). Dies könnte die unterschiedlichen Ergebnisse erklären.

Xu, Teo, Tan und Agarwal (2009, S. 148) überprüfen in ihrer Studie den Einfluss von negativen Datenschutz-Erfahrungen, die bspw. auf Datenmissbrauch basieren (Previous Privacy Experience), auf das Privacy Calculus-Modell. Die Auswirkungen wurden in einem Push- und in einem Pull-Szenario getestet. Den Ergebnissen der Studie zufolge haben bereits gesammelte Datenschutz-Erfahrungen einen positiven Einfluss auf Privacy Risks im Push-Szenario, jedoch nicht im Pull-Szenario. Der Grund dafür könnte ein größeres Bewusstsein der Nutzer für die negativen Konsequenzen der LBS-Nutzung sein (ebd., S. 160). Xu et al. (2011, S. 49) führen eine ähnliche Studie durch. Dies geschieht anders als bei Xu et al. (2009, S. 157) jedoch nicht in einem Push/Pull-Szenario, sondern in einem Szenario das von der offenkundigen sowie der verborgenen Sammlung von Daten im Rahmen der Personalisierung geprägt ist. Trotz der unterschiedlichen Szenarien kommen beide Studien zu einem ähnlichen Ergebnis. Auch Xu et al. (2011, S. 49) stellen einen positiven Einfluss der bereits gemachten Erfahrungen mit Datenschutz, auf das vom Nutzer empfundene Datenschutz-Risiko fest. Dies jedoch lediglich im Rahmen von verborgener Personalisierung, also wenn der Nutzer weniger Kontrolle über die Sammlung seiner Daten empfindet. Keine Signifikanz liegt jedoch bei der offenkundigen Sammlung von Daten vor (ebd.). Xu et al. (2012, S. 1358) testen u.a. den Einfluss von bereits gesammelten Datenschutz-Erfahrungen (Previous Privacy Experiences) auf das CFIP-Konstrukt und kommen ebenfalls zu dem Ergebnis, dass es einen signifikant positiven Zusammenhang gibt. Dies könnte sich dadurch erklären lassen, dass diejenigen Nutzer, deren Daten bereits zuvor missbraucht worden sind, sensibler für die zukünftigen Konsequenzen sind, die im Zusammenhang mit der Bereitstellung ihrer Daten stehen.

4.1.3 Datenschutz-Richtlinien durch Unternehmen und Regierungen

Xu et al. (2009, S. 136) testen in ihrer Studie den Einfluss von unternehmerischer Selbst-Regulierung (Industry Self-Regulation) sowie staatlicher Regulierung (Government Regulation) auf das Privacy Calculus-Modell. Im Rahmen der Selbst-Regulierung von Unternehmen, implementieren diese Datenschutz-Richtlinien, die bei Konsumenten Vertrauen schaffen sollen. Unternehmen die sich an ihre Richtlinien halten, können sich bspw. mit dem internationalen Gütesiegel für Datensicherheit, TRUSTe, für ihre Glaubwürdigkeit zertifizieren lassen. Staatliche Regulierung bezieht sich auf die Gesetzgebung von Regierungen, um den Schutz persönlicher Daten zu gewährleisten (ebd., S. 150-51). So sieht bspw. das deutsche Telekommunikationsgesetz vor, dass der Aufenthaltsort eines Konsumenten lediglich genutzt werden darf, wenn dieser vorher seine Zustimmung erteilt hat (§ 98 TKG). Der Einfluss der genannten Variablen wurde sowohl in einem Push-, als auch in einem Pull-Szenario getestet. Für das Pull-Szenario konnte lediglich ein negativer Zusammenhang zwischen unternehmerischer Selbst-Regulierung und Privacy Risks festgestellt werden. Dies kann darauf zurückzuführen sein, dass Nutzer im Rahmen von pull-basierten LBS bestimmte Inhalte explizit anfragen und ihre Daten lediglich im Rahmen dieser Anfrage genutzt werden. Daher werden Richtlinien seitens der Regierung u.U. als überflüssig empfunden. Anders im Push-Szenario, in dem die negativen Einflüsse von staatlicher Regulierung und unternehmerischer Selbstregulierung auf Privacy Risks als signifikant getestet worden sind. Dies könnte damit zusammenhängen, dass Nutzer von push-basierten LBS ein geringeres Kontrollgefühl in Bezug auf ihre Daten empfinden (ebd., S. 159-60). Zudem ist die festgestellte Signifikanz jeweils höher als bei den Determinanten im Pull-Szenario, was die Relevanz der Datenschutz-Richtlinien von Unternehmen und Regierungen untermauert. (ebd., S. 157-58).

Keith et al. (2010, S. 13) testen in ihrer Arbeit ebenfalls den Einfluss einer Selbstregulierung der Unternehmen im Hinblick auf den Datenschutz ihrer Nutzer (Institutional Privacy Assurance), auf das Privacy Calculus-Modell im Rahmen der Nutzung von LBS. Diese Regulierung soll bspw. durch Gütesiegel, Leistungsversprechen und Garantien gewährleistet werden. Wie Xu et al. (2009, S. 157) kommen auch Keith et al. (2010, S. 13) zu der Erkenntnis, dass die unternehmerische Selbst-Regulierung zu einer Senkung der Privacy Risks beiträgt, verzichten dabei jedoch auf einer Differenzierung zwischen push- und pull-basierten LBS.

Im Gegensatz zu den beiden bereits genannten Studien testet Xu (2010, S. 63) den negativen Einfluss von unternehmerischer Selbst-Regulierung und staatlicher Regulierung auf das CFIP-Modell. Dieser Zusammenhang wird zusätzlich durch den Einfluss der Moderatorvariable Locus of Control (Kontrollüberzeugung) gemessen. Damit möchte die Autorin die Relevanz der unterschiedlichen Persönlichkeiten von Individuen als Einflussfaktoren berücksichtigen. Locus of Control (LOC) definiert sich als das Ausmaß, in dem Individuen annehmen, sie hätten durch ihr Verhalten Einfluss auf bestimmte Ereignisse. Hierbei unterscheidet man zwischen interner und externer Kontrolle (Rotter 1966, S. 1; Xu 2010, S. 65). Individuen mit einem internen LOC verlassen sich auf ihre eigene Einflusskontrolle und agieren handlungsorientierter. Dagegen übertragen Nutzer mit einem externen LOC die Kontrolle eher auf äußere Einflussgrößen und versuchen Situationen, die aktives Handeln voraussetzen, zu umgehen (Xu 2010, S. 43). Während die unternehmerische Selbst-Regulierung sowohl für interne, als auch für externe LOC-Nutzer einen signifikant negativen Einfluss auf Privacy Concerns ausübt, wird staatliche Regulierung lediglich für externe LOC-Nutzer als signifikant getestet. Letzteres kann damit zusammenhängen, dass Individuen mit einem internen LOC verstärkt selbst für ihre Datensicherheit sorgen wollen und die Richtlinien der Regierung daher als redundant empfinden (ebd., S. 79). Eine ähnliche Studie führen auch Xu et al. (2012, S. 1356) durch, berücksichtigen dabei jedoch weder ein Push-/Pull-Szenario, noch die Kontrollüberzeugung der Nutzer. Sie kommen zu dem Ergebnis, dass beide Faktoren einen signifikant negativen Einfluss auf das CFIP-Modell ausüben. Zudem finden die Autoren heraus, dass sich die beiden Arten der Regulierung in einem gewissen Maße substituieren können (ebd., S. 1357). Es ist also nicht zwangsläufig ein Eingreifen beider Instanzen notwendig, um Privacy Concerns zu senken (ebd., S. 1360). Dies deckt sich mit den Ergebnissen der Studien von Xu et al. (2009, S. 159-160) und Xu (2010, S. 79) in denen unter Bestimmten Faktoren lediglich die staatliche oder die unternehmerische Regulierung einen signifikanten Einfluss auf die Verringerung von Privacy Concerns oder Privacy Risks ausübt und die jeweils andere Variante von den Nutzern als überflüssig erachtet wird.

4.1.4 Eigenschaften von LBS-Applikationen

Keith et al. (2010, S. 2) prüfen in ihrer Studie u.a. den Einfluss der Netzwerkgröße (Network Size) der LBS-Applikationen auf das Privacy Calculus-Modell. Netzwerk-Effekte beschreiben den empfundenen Nutzen einer Leistung oder eines Produkts, der sich mit der Anzahl der Konsumenten, die eine Applikation oder ein Produkt nutzen, verändert (Katz und Shapiro 1985, S. 424). Bspw. kann sich der empfundene Wert einer Applikation, mittels der Nutzer Restaurants bewerten, für den Konsumenten vergrößern, je mehr Menschen dort angemeldet sind (Keith et al. 2010, S. 5-6). Diese Netzwerkgröße kann Einfluss auf die empfundenen Privacy Risks nehmen (ebd., S. 7). Ein Konsument ist eher bereit seine Daten zur Verfügung zu stellen, wenn das Netzwerk der Nutzer als groß empfunden wird. Dabei gilt die Anzahl der Nutzer als Absicherung, dass die bereitgestellten Daten nicht missbraucht werden (ebd., S. 8). Die Studie kommt zu dem Ergebnis, dass die Netzwerkgröße Privacy Risks senken kann (ebd., S. 13).

Xu (2010) testet in ihrer Studie den negativen Einfluss von Privacy Enhancing Technology (PET) auf das CFIP-Modell, mittels der moderierenden Variabel LOC (Xu 2010, S. 63). PET sind Einstellungen in LBS-Applikationen, die es dem Nutzer ermöglichen, die Weitergabe seiner Daten zu kontrollieren. Dies wird bspw. dadurch gewährleistet, indem der Nutzer einstellt, dass seine ortsbezogenen Daten mit einer von ihm festgelegten Genauigkeit und zu einer bestimmten Tageszeit gesammelt und verwendet werden dürfen (ebd., S. 68). Xu kommt zu dem Ergebnis, dass PET einen negativen Einfluss auf die Privacy Concerns der Nutzer ausüben, die über einen internen LOC verfügen. Für Nutzer mit einem externen LOC liegt dagegen keine Signifikanz vor. Dies lässt sich dadurch erklären lassen, dass sich Nutzer mit einem externen LOC eher auf die äußeren Einflüsse wie die Selbstregulierung von Unternehmen oder die staatliche Datenschutz-Regulierung verlassen und diese Institutionen in der Pflicht sehen, sich hauptverantwortlich für den Schutz ihrer Daten einzusetzen (ebd., S. 79). Auch Xu et al. (2012, S. 1356) kommen zu dem Ergebnis, dass die persönliche Kontrolle der Nutzer durch den individuellen Selbstschutz (Individual Self-Protection), bspw. durch PET, einen signifikant negativen Einfluss auf Privacy Concerns ausübt. Zudem kommen sie zu dem Schluss, dass sich der individuelle Selbstschutz der Nutzer und staatliche Richtlinien des Datenschutzes substituieren können (ebd., S. 1357).

4.2 Konsequenzen von Privacy Concerns und Privacy Risks

4.2.1 Vertrauen

Zhou (2011, S. 219; 2012, S. 140; 2013, S. 418; 2015, S. 33) und Fodor und Brem (2015, S. 348) untersuchen in ihren Studien den Einfluss von Privacy Concerns auf das Vertrauen der Nutzer. Alle durchgeführten Studien kommen zu dem grundlegend gleichen Ergebnis, dass Privacy Concerns oder Privacy Risks das Vertrauen der Nutzer gegenüber LBS mindern. Zudem kann in den genannten Studien für Vertrauen einen positiver Einfluss auf die Nutzungsabsicht von LBS nachgewiesen werden. Somit haben Privacy Concerns einen indirekten Einfluss auf die Nutzungsabsicht über den Faktor Vertrauen (ebd.).

4.2.2 Erwartungshaltung der Nutzer gegenüber LBS

Xu, Gupta und Shi (2009, S. 1) testen in ihrer Studie den Einfluss von Privacy Concerns auf die Performance Expectancy (Leistungserwartung) der Nutzer gegenüber LBS. Letzteres ist ein Konstrukt der Theory of Acceptance and Use of Technology (UTAUT) und beschreibt die Erwartung des Nutzers, dass er seine Tätigkeiten mittels LBS schneller und effektiver ausführen kann. UTAUT setzt sich neben der Theory of Reasoned Action (TRA) und dem Technology Acceptance Model (TAM) aus sechs weiteren Modellen zusammen, mit denen sich die Akzeptanz von Technologien bestimmen lässt (Venkatesh, Morris, Davis und Davis 2003, S. 425, 447). Zusätzlich wird zwischen push- und pull-basierten LBS unterschieden. Die Autoren können lediglich im pull-basierten Szenario feststellen, dass Privacy Concerns die Leistungserwartung der Nutzer senken (Xu, Gupta und Shi 2009, S. 6). Dies kann damit zusammenhängen, dass Nutzer hier ein größeres Kontrollempfinden über die Verwendung ihrer Daten verspüren, als im push-basierten Szenario. Daher haben Privacy Concerns keinen direkten Einfluss auf die Nutzungsabsicht, sondern lediglich auf die Leistungserwartung. Anders ist es im push-basierten Szenario. Hier konnte kein Einfluss von Privacy Concerns auf die Leistungserwartung festgestellt werden. Aufgrund des empfundenen Kontrollverlustes über ihre Daten wirken sich Privacy Concerns hier direkt auf die Nutzungsabsicht, nicht aber auf die Leistungserwartung aus (ebd., S. 7). In einer weiteren Studie unterscheiden Xu und Gupta (2009, S. 137) zusätzlich zwischen Potential Customers, d.h. Kunden die bisher noch keine Erfahrung mit der Nutzung von LBS gemacht haben und Experienced Customers, d.h. Kunden die mindestens eine Transaktion mit einem Service-Anbieter durchgeführt haben (Gefen, Karahanna und Straub 2003, S. 307-08).

Diesmal testen sie den Einfluss von Privacy Concerns auf die Leistungserwartung und auf die Effort Expectancy (Aufwandserwartung) gegenüber LBS. Letzteres ist ebenfalls ein Konstrukt des UTAUT-Modells und beschreibt inwiefern der Konsument erwartet, dass die Nutzung von LBS einfach zu verstehen und durchzuführen ist (Venkatesh et al. 2003, S. 450). Hierbei stellen die Autoren lediglich für erfahrene Nutzer einen negativen Einfluss von Privacy Concerns auf die Leistungserwartung fest. Zusätzlich kommen sie zu dem Ergebnis, dass Privacy Concerns sowohl für erfahrene, als auch für potentielle Nutzer einen negativen Einfluss auf die Erwartung des Aufwands haben (Xu und Gupta 2009, S. 146). Letzteres lässt sich so erklären, dass Nutzer die in Sorge um ihre Daten sind, das Gefühl haben, dass dadurch der Aufwand sich mit einer Applikation auseinanderzusetzen steigt, da sie sich neben der Funktionsweise, zusätzlich mit dem Schutz ihrer Daten beschäftigen müssen (ebd., S. 145). Sowohl die Leistungserwartung, als auch die Aufwandserwartung haben wiederum einen Einfluss auf die Nutzungsabsicht von LBS. Somit haben Privacy Concerns in dieser Studie einen indirekten Einfluss auf die Nutzungsabsicht. Insgesamt stellen Xu und Gupta fest, dass Privacy Concerns für erfahrene Nutzer von höherer Relevanz sind, als für potentielle Nutzer. Dies kann daran liegen, dass sich erfahrene Nutzer eher den Datenschutz-Risiken von LBS bewusst sind, als potentielle Nutzer, die noch keine Kenntnis darüber besitzen, welche negativen Konsequenzen die Nutzung von LBS nach sich ziehen könnten (ebd., S. 146).

Limpf und Voorveld (2015, S. 9) testen in ihrer Studie den Einfluss von Privacy Concerns auf die Einstellung (Attitude) der Nutzer gegenüber LBA. Dafür nutzen sie jeweils ein Push- und ein Pull-Szenario. Die Autoren sind der Ansicht, dass die Einstellung der Nutzer gegenüber LBS ihre Nutzungsabsicht beeinflusst. Sie kommen zu dem Ergebnis, dass Privacy Concerns lediglich im push-basierten Szenario einen negativen Einfluss auf die Einstellung der Nutzer haben (ebd.). Dies zeigt erneut, dass die Art und Weise wie der Kunde angesprochen wird, einen bedeutenden Einfluss auf seine Entscheidung ausübt, LBS zu nutzen.

4.2.3 Nutzungsabsicht

Insgesamt befassen sich 16 der betrachteten Studien mit der Frage, ob Privacy Concerns oder Privacy Risks einen direkten oder indirekten Einfluss auf die Nutzungsabsicht der Konsumenten gegenüber ortsbasierten Applikationen ausüben. So testen Xu et al. (2009, S. 136) in ihrer Studie den Einfluss des Privacy Calculus-Modells auf die Absicht eines Konsumenten persönliche Daten zur Verfügung zu stellen und somit LBS zu nutzen. Die Untersuchung erfolgt jeweils in einem Push- und einem Pull-Szenario. In beiden Szenarien stellen die Autoren einen negativen Einfluss fest. Somit senken Privacy Risks die Bereitschaft des Nutzers LBS zu verwenden. Diese Ablehnung ist im Push-Szenario größer als im Pull-Szenario, da der Konsument hier ein geringeres Kontrollgefühl über seine Daten empfindet. Anzumerken ist jedoch, dass die Vorteile die der Konsument durch die Nutzung von LBS empfindet, die Privacy Risks überwiegen. Diese Vorteile entstehen bspw. durch für ihn relevante Informationen, die er auf Basis von ortsbezogenen Daten und durch Personalisierung, vom LBS-Anbieter erhält (ebd., S. 157). Dies deckt sich mit den grundlegenden Ergebnissen der Studie von Xu et al. (2011, S. 47), die statt einem Push-/Pull-Szenario das Overt-/Covert-Szenario für ihre Untersuchung verwenden. Auch hier ist die Nutzungsabsicht für LBS mit verborgener Personalisierung geringer, als bei offenkundiger Personalisierung. Ebenfalls können die Vorteile die der Konsument mit der Nutzung von LBS assoziiert, die damit verbundenen Datenschutz-Risiken teilweise kompensieren. Gleiches gilt für die Ergebnisse fünf weiterer Studien (Keith et al. 2010, S. 13; Mao und Zhang 2013, S. 49; Pee 2011, S. 8; Sun et al. 2015, S. 284; Zhou 2013, S. 418). Pee (2011, S. 1) untersucht diese kompensierenden Vorteile näher. Um dies zu testen nutzt sie die fünf Werte der Theory of Consumption (Konsum-Theorie), mit der sich Werte identifizieren lassen, die Einfluss auf die Konsumentscheidungen von Nutzern nehmen (Sheth, Newman und Gross 1991, S. 159-60). Diese werden im Folgenden erläutert. Der Emotional Value bezieht sich auf positive Gefühle, die durch die Nutzung eines Services hervorgerufen werden. Ein Social Value entsteht, wenn mit der Nutzung eines Services positive Assoziationen einer sozialen Gruppe in Verbindung gebracht werden. Bspw. könnte die Nutzung von LBS als fortschrittlich gelten (ebd., S. 161). Der Functional Value wird erfüllt, wenn ein Service funktionale Bedürfnisse befriedigt und bspw. die Leistungsfähigkeit des Kunden erhöht (ebd., S. 160-61). Der Conditional Value ist ein kontextabhängiger Wert, der sich je nach Situation des Nutzers ändern kann. Bspw. haben LBS einen kontextabhängigen Wert für den Nutzer, wenn dieser dadurch ein Restaurant in seiner Nähe finden kann. Der Epistemic Value beschreibt den Wert, der geschaffen wird, wenn ein Nutzer mittels LBS sein Bedürfnis nach Wissen oder seine Neugier befriedigt (ebd., S. 162). Pee kommt in ihrer Studie zu dem Ergebnis, dass der kontextabhängige, der funktionale und der soziale Wert den Einfluss von Privacy Concerns auf die Nutzungsabsicht senken können (Pee 2011, S. 8). Keith et al. (2010, S. 13) gehen in ihrer Studie noch einen Schritt weiter und testen den Einfluss des Privacy Calculus Modells auf die Absicht der Konsumenten für die Nutzung von LBS ein Entgelt zu entrichten (Willingsness to Pay). Es zeigt sich, dass Konsumenten trotz Sorge um ihre Daten, eher bereit sind LBS zu nutzen, wenn diese kostenlos sind, als wenn sie dafür finanzielle Mittel aufwenden müssten. Der hier untersuchte Nutzen von LBS durch die Netzwerkgröße oder die empfundene Qualität der Applikationen im Hinblick auf eine übersichtliche Menüführung und Gültigkeit der Bereitgestellen Informationen, kann die mit der kostenpflichtigen Nutzung von LBS assoziierten Risiken jedoch nicht kompensieren (ebd.). Insgesamt können alle betrachteten Studien einen Einfluss von Privacy Concerns oder Privacy Risks auf die Nutzungsabsicht von LBS nachweisen. Jedoch existiert in manchen Fällen kein direkter, sondern lediglich ein indirekter Einfluss, der durch die Faktoren Vertrauen sowie Leistungs- oder Aufwandserwartung moderiert wird (Kapitel 4.2.1, 4.2.2). Dies gilt für die Studien von Xu und Gupta (2009, S. 6), Xu, Gupta und Shi (2009, S. 146) und Zhou (2012, S. 140).

4.3 Diskussion der Ergebnisse und Handlungsempfehlungen

Wie im bisherigen Verlauf des vierten Kapitels aufgezeigt wurde, existieren in der untersuchten Forschungsliteratur eine Vielzahl an Faktoren, welche die Sorge der Nutzer um ihre Daten, bzw. ihr empfundenes Datenschutz-Risiko determinieren und somit ungewollte Konsequenzen nach sich ziehen. Um herauszufinden, wie die Management-Praxis mit diesen Einflüssen und Konsequenzen umgehen sollte, werden die Ergebnisse der Literaturübersicht im Folgenden diskutiert, um daraus Implikationen abzuleiten.

So ist sich die forschende Literatur darüber einig, dass die Methodik der Kundenansprache mit der Kunden entweder push- oder pull-basierte Inhalte empfangen, einen Einfluss auf das Datenschutzempfinden und die Einstellung von Konsumenten ausübt und somit die Nutzungsabsicht von ortsbasierten Applikationen einschränken kann (Limpf und Voorfeld 2015, S. 9; Unni und Harmon 2007, S. 32).

Dies ist vor allem in der push-basierten Variante der Fall, in der Nutzer die empfangenen Inhalte zuvor nicht explizit angefragt haben (Limpf und Voorfeld 2015, S. 9). Somit empfiehlt es sich für LBA-Anbieter, dass sie die Datenschutz-Befürchtungen ihrer Nutzer, bei der Wahl zwischen der push- und pull-basierten Kundenansprache, berücksichtigen (ebd., S. 10). Sollten sie sich für push-basiertes Marketing entscheiden, müssen sie sich darüber bewusst sein, welche Maßnahmen sie ergreifen, um die dadurch entstehenden Datenschutz-Risiken zu senken. Generell empfiehlt es sich eher pull-basiertes Marketing zu betreiben. Diese Variante wird von Konsumenten zudem mit einem höheren Nutzen und einem höheren Wert assoziiert und beeinflusst sie dadurch eher, sich für den Empfang von Werbeinhalten anzumelden (Unni und Harmon 2007, S. 36). Zwar bleibt eine gewisse Sorge der Nutzer um ihre Daten bestehen, die jedoch durch weitere Maßnahmen teilweise kompensiert werden kann, die im weiteren Verlauf dieses Kapitels dargestellt werden. Zudem könnten Service-Anbieter bei der pull-basierten Variante befürchten, dass sie keine Impulskäufe mehr einleiten können, wenn Nutzer lediglich dann LBA beanspruchen, wenn sie es für nötig halten (ebd.). Eine mögliche Gegenmaßnahme könnte bspw. darin bestehen, dass LBA-Anbieter Anreize setzen durch die Konsumenten vermehrt Werbeinhalte anfragen, indem sie exklusive Angebote oder Rabatte erhalten, wenn sie täglich oder in der Umgebung bestimmter Orte auf die Applikation zugreifen (ebd.).

Ähnliche Ergebnisse lassen sich für die Art der Personalisierung beobachten. So führt die offenkundige Sammlung von Daten ebenfalls zu einem geringer empfundenen Datenschutz-Risiko der Nutzer, als die verborgene Variante (Xu et al. 2011, S. 47). Anders als im push-basierten LBA, sorgt die verborgene Personalisierung jedoch auch für ein höheres Nutzenempfinden der Konsumenten, da sich ihre Präferenzen dadurch umfassender und gezielter widerspiegeln lassen (ebd., S. 49). Das Phänomen, dass Nutzer zum einen personalisierte Inhalte erhalten wollen, die auf ihren persönlichen Daten basieren, zum anderen dafür jedoch so wenig Daten wie möglich preisgeben möchten, da sie in Sorge um den Schutz ihrer Daten sind, wird in der Forschung als Personalization-privacy Paradox bezeichnet und stellt Marketing-Manager vor die Herausforderung die geeignete Art der Personalisierung für ihre Konsumenten auszuwählen (Awad und Krishnan 2006, S. 36; ebd., S. 42). Hier würde es sich für die Praxis empfehlen die verborgene Personalisierung zu verwenden und den Konsumenten durch eine hohe kontextbasierte Relevanz der Werbung einen Nutzen zu bieten. Somit hätten ihre empfundenen Datenschutz-Risiken weniger Gewichtung beim Abwägen der Vor- und Nachteile im Hinblick auf die Nutzung von LBS (Xu et al. 2011, S. 49). Dies allein reicht jedoch nicht immer aus, um die Risiken zu kompensieren, weshalb weitere Maßnahmen ergriffen werden sollten. (Zhou 2015, S. 33-34).

So könnten Service-Anbieter zusätzlich mit dem funktionalen und dem sozialen Wert ihrer Applikation werben. Der funktionale Wert könnte bspw. durch eine möglichst einfache Menüführung und intuitive Nutzung der Applikation erreicht werden. Auch die unterstützende Wirkung von LBS bei bestimmten Tätigkeiten und die dadurch entstehende Zeitersparnis sollten für potentielle Nutzer zu erkennen sein. Zudem bietet es sich an, der Applikation durch gezielte Werbemaßnahmen ein bestimmtes Image zu verleihen, mit dem sich die Zielgruppe identifizieren kann (Pee 2011, S. 9-10). Dabei sollte berücksichtigt werden, dass der funktionale Wert einen größeren Einfluss auf die Senkung von Privacy Risks hat, als der soziale Wert (ebd., S. 8). LBS-Anbieter müssen sich zudem die Frage stellen, ob sie für die Nutzung ihrer Applikation ein Entgelt von den Konsumenten erheben wollen. So empfiehlt es sich einen kostenlosen Service anzubieten, da Nutzer die in Sorge um ihre Privatsphäre sind, eher bereit sind LBS zu nutzen, wenn sie dafür keine finanziellen Mittel aufwenden müssen (Keith et al. 2010, S. 13). Sofern eine Applikation über eine gewisse Nutzerzahl verfügt, sollten LBS-Anbieter potentielle Konsumenten darauf aufmerksam machen, um bei ihnen Vertrauen zu schaffen und empfundene Datenschutz-Risiken zu senken. Dabei dient den Konsumenten eine große Nutzerzahl als Absicherung dafür, dass der LBS-Anbieter die Interessen der Kunden wahrt. Dieser Effekt könnte zudem durch ein Bewertungssystem verstärkt wer-

den, durch das Nutzer ihre Zufriedenheit in Bezug auf den Schutz ihrer Daten ausdrü-
cken können. Zusätzlich könnten LBS-Anbieter bspw. Anreize in Form von Einkaufs-
gutscheinen setzen, damit Konsumenten ihre Nutzung einer Applikation in den Sozialen
Medien teilen und so bei ihren Online-Freunden Vertrauen schaffen.

Außerdem ist anzumerken, dass die Netzwerkgröße einen größeren Einfluss auf die
Senkung von Datenschutz-Risiken ausübt, als von Unternehmen initiierte Datenschutz-
Richtlinien (Keith et al. 2010, S. 13-14). Letzteres sollte jedoch von Service-Anbietern
in Betracht gezogen werden, wenn ihre Applikation noch nicht lange am Markt ist und
sie lediglich über eine geringe Netzwerkgröße verfügen. Zusätzlich könnte es hilfreich
sein, den Nutzern mehr Entscheidungsfreiheit darüber zu geben, unter welchen Bedin-
gungen sie welche Art von LBA empfangen wollen. So zeigen die Ergebnisse der Literaturübersicht, dass Nutzer, die über ein internes Kontrollgefühl verfügen, selbst für den
Schutz ihrer Daten verantwortlich sein wollen (Xu 2010, S. 77). Dies könnte durch die
Möglichkeit detaillierter Privatsphäre-Einstellungen in einer ortsbasierten Applikation
gewährleistet werden, mit denen sie eigene Restriktionen im Hinblick auf die Sammlung ihrer Daten vornehmen können (ebd., S. 80). So bietet es sich für Nutzer bspw. an,
dass sie die Genauigkeit mit der ihr Aufenthaltsort gemessen wird beeinflussen können,
um ihnen ein höheres Kontrollgefühl zu verleihen (Barkhuus, Brown, Bell, Hall, Sherwood und Chalmers 2008, S. 500). Außerdem sollten Kunden die Freiheit haben, bspw.
auswählen zu dürfen, ob sie Promotional oder Brand Advertising erhalten wollen, da
ersteres zu größeren Datenschutz-Bedenken führen kann (Unni und Harmon 2007, S.
30).

Zudem zeigen die Ergebnisse der ausgewählten Studien, dass das Empfinden von Datenschutz-Risiken auch von verschiedenen Persönlichkeitsmerkmalen der Konsumenten
abhängen kann (Junglas, Johnson und Spitzmüller 2008, S. 395). Somit empfiehlt es
sich für Service-Anbieter ihre Kunden nicht als eine homogene Zielgruppe hinsichtlich
ihrer Neigungen und Persönlichkeitsmerkmale zu betrachten, sondern diese möglichst
in Segmente einzuteilen und sie dann ihrem Datenschutzempfinden nach anzusprechen
(Xu 2010, S. 80). Hierzu bedarf es umfassenden Marktforschungsmaßnahmen, um die
Persönlichkeitsmerkmale verschiedener Individuen erfassen zu können. So sind Autoren
der Ansicht, dass Nutzer, die eher zu Vertrauen bereit sind eine geringere Sorge um ihre
Daten haben, als Individuen, die sehr gewissenhaft agieren und stets offen für Neues
sind (Junglas, Johnson und Spitzmüller 2008, S. 393). Gleiches gilt für die bisherigen

Erfahrungen, die Nutzer im Umgang mit LBM gemacht haben. So sollten Konsumenten, die bereits negative Erfahrungen im Hinblick auf Datenschutz gesammelt haben, eher mit pull-basierten LBM angesprochen werden, da diese sensibler auf die Verwendung ihrer Daten reagieren und generell misstrauischer gegenüber LBM-Maßnahmen sind (Xu et al. 2009, S. 160).

Auch das Vertrauen der Nutzer gegenüber LBS wird durch Datenschutz-Risiken determiniert und kann so die Nutzungsabsicht mindern (Zhou 2015, S. 33). Das bedeutet für LBS-Anbieter, dass sie das Vertrauen der Nutzer stärken sollten, indem sie ihre Leistungsversprechen einhalten und ihre Interessen wahren. Dies impliziert, dass sie gesammelte Daten nicht zweckentfremden und diese vor unautorisierten Zugriffen schützen. Außerdem sollten sie lediglich die Daten sammeln, die sie benötigen, um dem Nutzer einen Mehrwert zu generieren (Fodor und Brem 2015, S. 351).

Zusätzlich kann es hilfreich sein, dass LBS-Anbieter eigene Datenschutz-Richtlinien implementieren und diese für Konsumenten zugänglich machen. Darin sollten sie neben den Maßnahmen die sie ergreifen auch kenntlich machen welche Art von Daten sie sammeln und in welcher Form diese verwendet werden, damit Nutzern bewusst wird, welche Vorteile ihnen dadurch entstehen (ebd.). Außerdem könnten sich LBS-Anbieter von unabhängigen Dritten mit einem Gütesiegel für ihre Online-Datenschutz-Maßnahmen zertifizieren lassen (Zhou 2015, S. 34). So vergibt bspw. die international agierende Institution TRUSTe ihre Gütesiegel für Unternehmen, die den TRUSTe-Datenschutz-Standards nachkommen (TRUSTe 2015). Einer ähnlichen Funktion für den deutschen Markt kommen die Unternehmen ePrivacy und Trusted Shops nach, wobei der Datenschutz beim zuletzt genannten, lediglich eines von mehreren Qualitätskriterien darstellt, die in die Bewertung einfließen (ePrivacy 2015; Trusted Shops 2015). Die Zertifizierung mit einem Gütesiegel kann von besonderer Relevanz sein, wenn nur wenige oder keine staatlichen Gesetzgebungen existieren, die Verbraucher vor dem Missbrauch ihrer Daten schützen. Dabei zeigt sich in Studien mit push-basierten LBS, dass neben der Selbstregulierung der Unternehmen hinsichtlich ihrer Datenschutzbestimmungen, zusätzlich auch staatliche Regulierungen hilfreich sein können, um empfundene Datenschutz-Risiken zu senken (Xu et al. 2009, S. 157). Gleiches gilt für Nutzer mit einer externen Kontrollüberzeugung, die dazu neigen, externe Institutionen für den Schutz ihrer Daten verantwortlich zu machen. Somit sind Service-Anbieter auch auf die Gesetzgebungen ihrer Regierung angewiesen.

5   Fazit und Ausblick

Das erklärte Ziel dieser Arbeit war es, die existierende Forschungsliteratur dahingehend zu untersuchen, welche Faktoren zu Datenschutz-Befürchtungen und -Risiken der Nutzer von LBS führen und welche Konsequenzen diese nach sich ziehen. Dabei dienten die Ergebnisse dieser Untersuchung als Grundlage, um Handlungsimplikationen für die Praxis abzuleiten. Die dafür gewählte Analyseform der Literaturübersicht hat gezeigt, dass die Absicht der Konsumenten LBS zu verwenden nicht nur durch positive Faktoren, wie Funktionalität oder einen hohen Grad an Personalisierung, determiniert werden, sondern dass negativen Einflüssen, wie Privatsphäre-Bedenken, eine maßgebliche Bedeutung zugeschrieben werden kann, da sie die Adoptionsbereitschaft der Nutzer senken. So wägen potentielle Kunden die Vor- und Nachteile in Bezug auf die Verwendung gegeneinander ab, bevor sie sich für oder gegen die Nutzung von LBS entscheiden. Die Ergebnisse der Literaturübersicht zeigen, dass Faktoren die das Für und Wider beeinflussen, kontextabhängig sind und sich nur bedingt verallgemeinern lassen. So existieren je nach Forschungsdesign der Studien Faktoren, die Nutzern ihre Sorge um ihre Daten weniger relevant erscheinen lassen. Diese Faktoren sollten je nach Nutzer identifiziert und angewendet werden. Als grundlegendes Erkenntnis dieser Arbeit zeigt sich, dass LBS-Anbieter bei der Sammlung von Kundendaten lediglich einen geringen Handlungsspielraum haben, wenn es darum geht, das empfundene Datenschutz-Risiko der Nutzer nicht unnötig zu schüren. Auf der einen Seite benötigen sie möglichst viele, aussagekräftige Daten zwecks Personalisierung, wollen es auf der anderen Seite jedoch vermeiden, die Konsumenten dadurch abzuschrecken. So empfiehlt es sich die Nutzer insgesamt in einer Form anzusprechen, die von Transparenz und Offenheit gekennzeichnet ist. Dies ist aufgrund der Sensibilität von ortsbasierten Daten von besonderer Relevanz. Nutzer wollen darüber in Kenntnis gesetzt werden und zudem kontrollieren, welche ihrer Daten zu welchen Zwecken genutzt werden und welche Vorteile ihnen dadurch entstehen. Dafür ist es wichtig mit ihnen in einen Dialog zu treten und sie nicht im Unklaren zu lassen. Sollten weiterhin Bedenken hinsichtlich ihrer Daten bestehen, so müssen diese mit zielgruppenspezifischen Maßnahmen eingedämmt werden. Hierzu sollten die Vorteile, die ihnen durch die Nutzung entstehen hervorgehoben werden, um ihren Datenschutz-Bedenken weniger Gewichtung bei der Nutzungsentscheidung zu verleihen.

Das eingangs gewählte Zitat „Simply put, location changes everything. This one input – our coordinates – has the potential to change all the outputs. Where we shop, who we talk to, what we read, what we search for, where we go – they all change once we merge location and the Web" (Honon 2009) verdeutlicht die Relevanz von ortsbasierten Daten für Nutzer von mobilen Applikationen. Diese Arbeit zeigt, dass sich die Nutzer dieser Relevanz bewusst sind, jedoch auch die negativen Konsequenzen erkennen, die aus der Bereitstellung ihrer persönlichen Daten resultieren können. Um das prognostizierte Potential von standortbezogenen Applikationen ausschöpfen zu können, sollten Unternehmen die Datenschutz-Bedenken ihrer Konsumenten ernsthaft und aufmerksam berücksichtigen, damit beide Seiten aus den Vorteilen von Location-based Marketing profitieren können.

Bei der Auslegung der vorliegenden Ergebnisse sollten die Limitationen dieser Arbeit berücksichtigt werden, die als Ausgangspunkt für zukünftige Forschungsarbeiten dienen könnten. So erschweren unterschiedliche Untersuchungsmodelle und Forschungsdesigns die Vergleichbarkeit der verschiedenen Studien, da sie teilweise zu widersprüchlichen Ergebnissen führen. Auch die begrenzte Anzahl der existierenden Arbeiten, die im Rahmen der Literaturübersicht betrachtet worden sind, stellt die Validität mancher Forschungsergebnisse in Frage, die teilweise nicht durch weitere Studien belegt worden sind. Dies führt dazu, dass die getroffenen Implikationen für die Management-Praxis lediglich eine bedingte Allgemeingültigkeit besitzen. Vielmehr muss jeder LBS-Anbieter auf Basis seiner Zielgruppe, der Form der ortsbasierten Kundenansprache und weiterer externer Einflussfaktoren, individuell prüfen, wie er den empfundenen Datenschutz-Risiken der Nutzer begegnen sollte. Zudem sollten deutsche LBS-Anbieter die limitierte Aussagekraft der Ergebnisse für den deutschen Markt berücksichtigen, da die zu Grunde liegenden Daten hauptsächlich auf dem asiatischen und US-amerikanischen Markt erhoben worden sind und es hinsichtlich der Ergebnisse, kulturell-bedingte Abweichungen geben könnte. Trotz dieser Limitationen stellt diese Arbeit eine erste, grundlegende Übersicht über Maßnahmen dar, die unter Berücksichtigung der verschiedenen Kontextfaktoren in der Praxis Anwendung finden könnten.

Um den Limitationen nachzukommen, würde es sich für zukünftige Forschungsarbeiten anbieten einheitlichere Untersuchungsmodelle und -faktoren zu wählen. Für allgemeingültige Aussagen bedarf es zudem zusätzlicher Forschungsbeiträge, um die bisherigen Ergebnisse validieren oder widerlegen zu können. Dies gilt insbesondere für den deutschen Markt, der in der vorliegenden Forschungsliteratur kaum Beachtung gefunden hat.

Literaturverzeichnis

Apple (2007), „iPhone Premieres this Friday Night at Apple Retail Stores", (abgerufen am 11. Dezember 2015), [http://www.apple.com/pr/library/2007/06/28iPhone-Premieres-This-Friday-Night-at-Apple-Retail-Stores.html].

Armstrong, Marc P. und Amy J. Ruggles (2005), „Geographic Information Technologies and Personal Privacy", *Cartographica: The International Journal for Geographic Information and Geovisualization*, 40 (4), 63-73.

Awad, Naveen F. und Maharajapuram S. Krishnan (2006), „The Personalization Privacy Paradox: An Empirical Evaluation of Information Transparency and the Willingness to be Profiled Online for Personalization", *MIS Quarterly*, 30 (1), 13-28.

Barkhuus, Louise, Barry Brown, Marek Bell, Malcolm Hall, Scott Sherwood und Matthew Chalmers (2008), „From Awareness to Repartee: Sharing Location within Social Groups", *Proceedings of the SIGCHI Conference On Human Factors In Computing Systems*, (4), 497-506.

Barwise, Patrick und Colin Strong (2002), „Permission-Based Mobile Advertising", *Journal of Interactive Marketing*, 16 (1), 14-24.

Beinat, Euro (2011), „Privacy and Location-Based: Stating the Policies Clearly", *GeoInformatics*, 4 (9), 14-17.

Benbasat, Izak und Albert S. Dexter (1982), „Individual Differences in the Use of Decision Support Aids", *Journal of Accounting Research*, 20 (1), 1-11.

Bundesverband Digitale Wirtschaft (BVDW) e.V. (2015), „Location Based Advertising - Einsatz standortbasierter Werbekampagnen Struktur", (abgerufen am 11. Dezember 2015),
[http://www.bvdw.org/presseserver/BVDW_LocationBasedAdvertising/whitepaper_location_based_advertising_2015.pdf].

Chellappa, Ramnath K. und Raymond G. Sin (2005), „Personalization versus Privacy: An Empirical Examination of the Online Consumer's Dilemma", *Information Technology and Management*, 6 (2/3), 181-202.

Clayton, Michael und Jun Heo (2011), „Effects of Promotional-Based Advertising on Brand Associations", *Journal of Product & Brand Management*, 20 (4), 309-15.

Cleff, Evelyne B. (2010), „Effective Approaches to Regulate Mobile Advertising: Moving towards a Coordinated Legal, Self-Regulatory and Technical Response", *Computer Law & Security Review*, 26 (2), 158-69.

Cooper, Harris M. (1988), „Organizing Knowledge Syntheses: A Taxonomy of Literature Reviews", *Knowledge in Society*, 1 (1), 104-26.

Culnan, Mary J. (1993), „How Did They Get My Name?: An Exploratory Investigation of Consumer Attitudes toward Secondary Information Use", *MIS Quarterly*, 17 (3), 341-63.

Culnan, Mary J. und Robert J. Bies (2003), „Consumer Privacy: Balancing Economic and Justice Considerations", *Journal of Social Issues*, 59 (2), 323-42.

Dinev, Tamara und Paul Hart (2006), „An Extended Privacy Calculus Model for E-Commerce Transactions", *Information Systems Research*, 17 (1), 61-80.

ePrivacy (2015), „ePrivacyseal Datenschutzsiegel", (abgerufen am 11. Dezember 2015), [https://www.eprivacy.eu/guetesiegel/eprivacyseal/].

Featherman, Mauricio S. und Paul A. Pavlou (2003), „Predicting E-Services Adoption: A Perceived Risk Facets Perspective", *International Journal of Human-Computer Studies*, 59 (4), 451-74.

Fink, A. (2010), *Conducting Research Literature Reviews : From the Internet to Paper*, 2. Kalifornien: SAGE Publications, Inc.

Fodor, Mark und Alexander Brem (2015), „Do Privacy Concerns Matter for Millennials? Results from an Empirical Analysis of Location-Based Services Adoption in Germany", *Computers in Human Behavior*, 53 (12), 344-53.

Goldmedia (2013), „Location-based Services 2013: Vorstudie zu Angeboten, Nutzung und lokalen Werbemarktpotenzialen ortsbezogener mobiler Dienste in Deutschland", (abgerufen am 11. Dezember 2015), [https://www.blm.de/files/pdf1/Goldmedia_Location_Based_Services_2202131.pdf].

Goldmedia (2014), „Location-based Services Monitor 2014: Angebote, Nutzung und lokale Werbemarktpotenziale ortsbezogener, mobiler Dienste in Deutschland (Gesamtstudie)", (abgerufen am 11. Dezember 2015), [https://www.blm.de/files/pdf1/140512_Location-based_Services_Monitor_2014.pdf].

Gefen, David, Elena Karahanna und Detmar W. Straub (2003), „Inexperience and Experience with Online Stores: The Importance of TAM and Trust", *IEEE Transaction on Engineering Management*", 50 (3), 307-21.

Herzberg, Philipp Y. (2010), „Potential und Grenzen des Fünf-Faktoren-Modell basierten Prototypenansatzes", (abgerufen am 11. Dezember 2015), [http://www.qucosa.de/fileadmin/data/qucosa/documents/7533/Habilitation_Herzberg.pdf].

Hin, Soo S., Tan K. Y. M. Tanamal, Ho J. Yi, Low W. Ling, Maryam M. Yahya und Jessica S. Y. Ho (2015), „Consumer Personality, Privacy Concerns and Usage of Location-Based Services (LBS)", *Journal of Economics, Business and Management*, 3 (10), 961-65.

Honon, Mathew (2009), „I Am Here: One Man's Experiment with the Location-Aware Lifestyle", (abgerufen am 11. Dezember 2015), [http://archive.wired.com/gadgets/wireless/magazine/1702/lp_guineapig?currentPage=all].

Jagoe, Andrew (2002), *Mobile location services: the definitive guide*, 1. Upper Saddle River: Prentice Hall Professional.

Junglas, Iris A., Norman A. Johnson und Christiane Spitzmüller (2008), „Personality Traits and Concern for Privacy: An Empirical Study in the Context of Location-Based Services", *European Journal of Information Systems*, 17 (4), 387-402.

Katz, Michael L. und Carl Shapiro (1985), „Network Externalities, Competition, and Compatibility", *The American Economic Review*, 75 (3), 424-40.

Keith, Mark J., Jeffrey S. Babb Jr., Christopher P. Furner und Amjad Abdullat (2010), „Privacy Assurance and Network Effects in the Adoption of Location-Based Services: An iPhone Experiment", *International Conference on Information Systems Proceedings*, 1-19.

Kendall, Julie E. und Kenneth E. Kendall (1999), „Information Delivery Systems: An Exploration of Web Pull and Push Technologies", *Communications of the AIS*, 1 (4), 1-43.

Kenney, Martin und Bryan Pon (2011), „Structuring the Smartphone Industry: Is the Mobile Internet OS Platform the Key?", *Journal of Industry, Competition and Trade*, 11 (3), 239-61.

Kenny, David und John F. Marshall (2000), „Contextual Marketing: The Real Business of the Internet", *Harvard Business Review*, 78 (6), 119-25.

King, Nancy J. und Pernille Wegener Jessen (2010), „Profiling the Mobile Customer - Privacy Concerns When Behavioural Advertisers Target Mobile Phones - Part I", *Computer Law & Security Review*, 26 (5), 455-78.

Kraus, Dirk (2011) „Mobile Advertising auf dem Erfolgskurs: Einflussfaktoren und Vorteile mobiler Werbung", in: MAC Mobile-Report 2011/2012: Mobile Advertising im Überblick, Kraus, Dirk und Oliver von Wersch, (Hrsg.). Düsseldorf: Bundesverband Digitale Wirtschaft (BVDW) e.V., 5-9.

Küpper, Axel (2005), *Location-based services: fundamentals and operation*. Chichester: John Wiley & Sons.

Laufer, Robert S. und Maxine Wolfe (1977), „Privacy as a Concept and a Social Issue: A Multidimensional Developmental Theory", *Journal of Social Issues*, 33 (3), 22-42.

Levy, Yair und Timothy J. Ellis (2006), „A Systems Approach to Conduct an Effective Literature Review in Support of Information Systems Research", *Informing Science: International Journal of an Emerging Transdiscipline*, 9 (1), 181-212.

Li, Yuan (2011), „Empirical Studies on Online Information Privacy Concerns: Literature Review and an Integrative Framework", *Communications of the Association for Information Systems*, 28 (1), 453-96.

Li, Yuan (2012), „Theories in Online Information Privacy Research: A Critical Review and an Integrated Framework", *Decision Support Systems*, 54 (1), 471-81.

Limpf, Nina und Hilde A. M. Voorveld (2015), „Mobile Location-Based Advertising: How Information Privacy Concerns Influence Consumers' Attitude and Acceptance", *Journal of Interactive Advertising*, 15 (2), 111-23.

Lin, Trisha T.C., Fernando Paragas, Dion Goh und John R. Bautista (2015), „Developing Location-Based Mobile Advertising in Singapore: A Socio-Technical Perspective", *Technological Forecasting and Social Change*, i. E., 1-16.

Lutter, Timm, Angelika Pentsi und Michael Poguntke (2015), „Zukunft der Consumer Electronics – 2015: Marktentwicklung, Schlüsseltrends, Mediennutzung Konsumentenverhalten, Neue Technologien", (abgerufen am 11. Dezember 2015), [https://www.bitkom.org/Publikationen/2015/Studien/CE-Studie-2015/151021-CE-Studie-2015-online.pdf].

Malhotra, Naresh K., Sung S. Kim und James Agarwal (2004), „Internet Users' Information Privacy Concerns (IUIPC): The Construct, the Scale, and a Causal Model", *Information Systems Research*, 15 (4), 336-55.

Malik, Om (2009), „iPhone is Boosting Demand For Location-Based Services", (abgerufen am 11. Dezember 2015), [https://gigaom.com/2009/04/27/iphone-is-boosting-demand-for-location-based-services/].

Mao, En und Jing Zhang (2013), „The Role of Privacy in the Adoption of Location-Based Services", *Journal of Information Privacy and Security*, 9 (2), 40-59.

McCrae, Robert R. und Paul T. Costa Jr. (1991), „Adding Liebe und Arbeit: The full Five-Factor Model and Well-Being", *Personality and Social Psychology Bulletin*, 17 (2), 227-32.

McCrae, Robert R. und Paul T. Costa Jr. (2011), „A Five-Factor Theory of Personality", in: Handbook of Personality: Theory and research, 3, Oliver P. John, Richard W. Robins und Lawrence A. Pervin, (Hrsg.). New York: Guilford Publications, 159-81.

McKnight, D. Harrison, Vivek Choudhury und Charles Kacmar (2002), „Developing and Validating Trust Measures for E-Commerce: An Integrative Typology", *Information Systems Research*, 13 (3), 334-59.

MMA Mobile Marketing Association (2011), „Mobile Location Based Services Marketing: Whitepaper", (abgerufen am 11. Dezember 2015), [http://www.mmaglobal.com/files/MobileLBSWhitepaper.pdf].

Montgomery, Alan L. und Michael D. Smith (2009), „Prospects for Personalization on the Internet", *Journal of Interactive Marketing*, 23 (2), 130-37.

Montgomery, Alan und Kannan Srinivasan (2002), „Learning About Customers Without Asking", in: The Power of One: Gaining Business Value from Personalization Technologies; Nirmal Pal und Arvind Rangaswamy, (Hrsg.). Trafford: Trafford Publishing, 122-43.

Okazaki, Shintaro (2011), „Has the Time Finally Come for the Medium of the Future? Research on Mobile Advertising", *Journal of Advertising Research*, 51 (3), 59-71.

Paavilainen, Jouni (2002), *Mobile Business Strategies: Understanding the Technologies and Opportunities*. London: Wireless Press.

Park, Sora (2013), „Always On and Always With Mobile Tablet Devices: A Qualitative Study on How Young Adults Negotiate with Continuous Connected Presence", *Bulletin of Science Technology Society*, 33 (5/6), 182-90.

Pavlou, Paul A. (2011), „State of the Information Privacy Literature: Where are We Now and Where Should We Go", *MIS Quarterly*, 35 (4), 977-88.

Pavlou, Paul A. und David Gefen (2004), „Building Effective Online Marketplaces with Institution-Based Trust", *Information Systems Research*, 15 (1), 37-59.

Pee, Loo G. (2011), „Attenuating the Perceived Privacy Risk of Using Location Based Mobile Services", *Proceedings of the 19th European Conference on Information Systems (ECIS)*, (6), 1-12.

Peterson, Lisa und Rob Groot (2009), „Location-Based Advertising: The Key to Unlocking the Most Value in the Mobile Advertising and Location-Based Services Markets", (abgerufen am 11. Dezember 2015), [http://www.mmaglobal.com/files/PetersonMobility_20100217144146.pdf].

Phelps, Joseph, Glen Nowak und Elizabeth Ferrell (2000), „Privacy Concerns and Consumer Willingness to Provide Personal Information", *Journal of Public Policy & Marketing*, 19 (1), 27-41.

Richard, James E. und Paul G. Meuli (2013), „Exploring and Modelling Digital Natives' Intention to Use Permission-Based Location-Aware Mobile Advertising", *Journal of Marketing Management*, 29 (5/6), 698-719.

Riekhof, Hans-Christian und Stefan Brinkhoff (2015), „Ergebnisse eines empirischen Forschungsprojektes: Location-based Marketing für den Finanzdienstleistungsbereich eines Automobilkonzerns", (abgerufen am 11. Dezember 2015), [https://www.pfh.de/fileadmin/Content/PDF/forschungspapiere/location-based-marketing_Riekhof-Brinkhoff.pdf].

Rotter, Julian B. (1966), „Generalized Expectancies for Internal versus External Control of Reinforcement", *Psychological Monographs: General and Applied*, 80 (1), 1-28.

Roussos, George, Don Peterson und Uma Patel (2003), „Mobile Identity Management: An Enacted View", *International Journal of Electronic Commerce*, 8 (1), 81-100.

Rowley, Jennifer und Frances Slack (2004), „Conducting a Literature Review", *Management Research News*, 27 (6), 31-39.

Scharl, Arno, Astrid Dickinger und Jamie Murphy (2005), „Diffusion and Success Factors of Mobile Marketing", *Electronic Commerce Research and Applications*, 4 (2), 159-73.

Seddon, Peter B. (1997), „A Respecification and Extension of the DeLone and McLean Model of IS Success", *Information Systems Research*, 8 (3), 240-53.

Sheehan, Kim B. (2002), „Toward a Typology of Internet Users and Online Privacy Concerns", *The Information Society*, 18 (1), 21-32.

Sheehan, Kim B. und Mariea G. Hoy (2000), „Dimensions of Privacy Concern Among Online Consumers", *Journal of Public Policy & Marketing*, 19 (1), 62-73.

Sheth, Jagdish N., Bruce I. Newman und Barbara L. Gross (1991), „Why we Buy what we Buy: A Theory of Consumption Values", *Journal of Business Research*, 22 (2), 159-70.

Sheth, Jagdish N., Rajendra S. Sisodia und Arun Sharma (2000), „The Antecedents and Consequences of Customer-Centric Marketing", *Journal of the Academy of Marketing Science*, 28 (1), 55-66.

Smith, H. Jeff, Sandra J. Milberg und Sandra J. Burke (1996), „Information Privacy: Measuring Individuals' Concerns About Organizational Practices", *MIS Quarterly*, 20 (2), 167-96.

Smith, H. Jeff, Tamara Dinev und Heng Xu (2011), „Information Privacy Research: An Interdisciplinary Review", *MIS Quarterly*, 35 (4), 989-1016.

Son, Jai-Yeol und Sung S. Kim (2008), „Internet Users' Information Privacy-Protective Responses: A Taxonomy and a Nomological Model", *MIS Quarterly*, 32 (3), 503-529.

Stewart, Kathy A. und Albert H. Segars (2002), „An Empirical Examination of the Concern for Information Privacy Instrument", *Information Systems Research*, 13 (1), 36-49.

Sun, Yongqiang, Nan Wang, Xiao-Liang Shen und Jacky Xi Zhang (2015), „Location Information Disclosure in Location-Based Social Network Services: Privacy Calculus, Benefit Structure, and Gender Differences", *Computers in Human Behavior*, 52 (11), 278-92.

Sureth, Karen (2015), „Anmerkungen zum verantwortlichen Umgang mit VHB-Jourqual", (abgerufen am 11. Dezember 2015), [http://vhbonline.org/service/jourqual/archiv/vhb-jourqual-21-2011/anmerkungen-zum-verantwortlichen-umgang-mit-vhb-jourqual/].

Tahtinen, Jaana (2005), „Mobile Advertising or Mobile Marketing: A Need for a New Concept", in: Frontiers of E- Business Research, Marko Seppä, Mika Hannula, Anne-Mari Järvelin, Johanna Kujala, Mikko Ruohonen und Tarja Tiainen, (Hrsg.). Tampere: Tampere University of Technology and University of Tampere, 152-64.

TRUSTe (2014), „TRUSTe Privacy Index: 2014 Consumer Confidence Edition", (abgerufen am 11. Dezember 2015), [https://www.truste.com/window.php?url=https://download.truste.com/TVarsTf=910JQ PAZ-445].

TRUSTe (2015), „About TRUSTe", (abgerufen am 11. Dezember 2015), [https://www.truste.com/about-truste/].

Trusted Shops (2015), „Die Qualitätskriterien von Trusted Shops", (abgerufen am 11. Dezember 2015), [http://www.trustedshops.de/guetesiegel/einzelkriterien.html].

Unni, Ramaprasad und Robert Harmon (2003), „Location-Based Services: Models for Strategy Development in M-Commerce", in Dundar. F. Kocaglu and Tom R. Anderson, (Hrsg.). Piscataway: Technology Management for Reshaping the World, 416-24.

Unni, Ramaprasad und Robert Harmon (2007), „Perceived Effectiveness of Push vs. Pull Mobile Location Based Advertising", *Journal of Interactive Advertising*, 7 (2), 28-40.

Venkatesh, Viswanath, Michael G. Morris, Gordon B. Davis und Fred D. Davis (2003), „User Acceptance of Information Technology: Toward a Unified View", *MIS Quarterly*, 27 (3), 425-78.

VHB (2015), „Alphabetische Gesamtliste der Fachzeitschriften in VHB-JOURQUAL3", (abgerufen am 11. Dezember 2015), [http://vhbonline.org/service/jourqual/vhb-jourqual-3/gesamtliste/].

Warren, Samuel D. und Louis D. Brandeis (1890), „The Right of Privacy", *Harvard Law Review*, 4 (12), 193-220.

Webster, Jane und Richard T. Watson (2002), „Analyzing the Past to Prepare for the Future: Writing a Literature Review", *MIS Quarterly*, 26 (2), xiii-xxiii.

Westin, Alan F. (1967), *Privacy and Freedom*. New York: Athenaeum.

Westin, Alan F. (2003), „Social and political dimensions of privacy", *Journal of Social Issues*, 59 (2), 431-53.

Wicker, Stephen B. (2012), „The Loss of Location Privacy in The Cellular Age", *Communications of the ACM*, 55 (8), 60-68.

Xu, Heng (2010), „Locus of Control and Location Privacy: An Empirical Study in Singapore", *Journal of Global Information Technology Management*, 13 (3), 63-87.

Xu, Heng, Hock-H. Teo und Bernard C. Y. Tan (2005), „Predicting the Adoption of Location-Based Services: The Roles of Trust and Privacy Risk", *Proceedings of 26th International Conference on Information Systems*, 71 (12), 897-910.

Xu, Heng und Sumeet Gupta (2009), „The Effects of Privacy Concerns and Personal Innovativeness on Potential and Experienced Customers' Adoption of Location-Based Services", *Electronic Markets*, 19 (2/3), 137-49.

Xu, Heng, Sumeet Gupta und Pan Shi (2009), „Balancing User Privacy Concerns in the Adoption of Location-Based Services: An Empirical Analysis across Pull-Based and Push-Based Applications", *iConference (iSociety: Research, Education, and Engagement)*, 1-10.

Xu, Heng, Hock-H. Teo, Bernard C. Y. Tan und Ritu Agarwal (2009), „The Role of Push-Pull Technology in Privacy Calculus: The Case of Location-Based Services", *Journal of Management Information Systems*, 26 (3), 135-74.

Xu, Heng, Xin R. Luo, John M. Carroll und Mary B. Rosson (2011), „The Personalization Privacy Paradox: An Exploratory Study of Decision Making Process for Location-Aware Marketing", *Decision Support Systems*, 51 (1), 42-52.

Xu, Heng, Hock-H. Teo, Bernard C. Y. Tan und Ritu Agarwal (2012), „Research Note-Effects of Individual Self-Protection, Industry Self-Regulation, and Government Regulation on Privacy Concerns: A Study of Location-Based Services", *Information Systems Research*, 23 (4), 1342-63.

Zhou, Tao (2011), „The Impact of Privacy Concern on User Adoption of Location-Based Services", *Industrial Management & Data Systems*, 111 (2), 212-26.

Zhou, Tao (2012), „Examining Location-Based Services Usage From the Perspectives of Unified Theory of Acceptance and Use of Technology and privacy risk", *Journal of Electronic Commerce Research*, 13 (2), 135-44.

Zhou, Tao (2013), „An Empirical Examination of User Adoption of Location-Based Services", *Electronic Commerce Research*, 13 (1), 25-39.

Zhou, Tao (2015), „Understanding User Adoption of Location-Based Services from a Dual Perspective of Enablers and Inhibitors", *Information Systems Frontiers*, 17 (2), 413-22.

Anhang

Tabelle 1: Übersicht der Einflussfaktoren von Privacy Concerns und Privacy Risks

Autor (Jahr)	Untersuchungs-modell	Empirische Grundlage	Einfluss-faktoren	Haupterkenntnisse
Fodor und Brem (2015)	CFIP; IUIPC; Perceived Risk (enthält das Item Privacy Risk)	N=235; Umfrage; Nutzer des mobilen Internets zw. 18-34 Jahre in Deutsch-land	Trust	- Vertrauen hat einen sig-nifikanten Einfluss auf Perceived Risk (-)
Hin et al. (2015)	CFIP, Perceived Risk	N=291; Umfrage; Erwachsene ab 21 Jahre in Malaysia; 57% LBS-User/43% Non-LBS-User	Big Five Personality Traits	- Insgesamt haben persön-lichen Neigungen keinen oder lediglich einen schwach signifikanten Einfluss auf Privacy Concerns - lediglich Offenheit (O-penness) hat einen signi-fikanten Einfluss auf alle vier Dimensionen des CFIP-Modells (+)
Junglas, Johnson und Spitz-müller (2008)	CFIP	N=378; Umfrage; Studenten	Big Five Personality Traits	- lediglich die Persönlich-keitsmerkmale Gewis-senhaftigkeit (+), Offen-heit (+) und Verträglich-keit (-) haben jeweils ei-nen signifikanten Ein-fluss auf Privacy Con-cerns
Keith et al. (2010)	Privacy Calculus	N=547; Experiment; Studenten; Smartphone-User in den USA	Institutional Privacy Assurance; Network Size	- die Netzwerkgröße und die unternehmerische Selbstregulierung haben jeweils einen signifikan-ten Einfluss auf Privacy Risks (-) - dabei ist der Einfluss der Netzwerkgröße ca. drei

				Mal so groß wie der von unternehmerischer Selbstregulierung
Unni und Harmon (2007)	Privacy Concerns (Location-Tracking); eigene Items	N=153; Experiment; Studenten; i.D. 25 Jahre alt; LBA-User/Non-User	Push/Pull; Promotional LBA/Brand LBA	- Privacy Concerns sind bei Promotional LBA signifikant höher als bei Brand LBA - Privacy Concerns sind bei push-basierten LBA höher als bei pull-basierten LBA
Xu (2010)	CFIP	N=292; Experiment; Studenten ab 18 Jahre in Singapur	Technology; Privacy Seal; Privacy Law; Internal/external LOC	- für Nutzer mit interner Kontrollüberzeugung haben sowohl die unternehmerische Selbstregulierung (-), als auch die Datenschutz-Einstellungen in der Applikation (-) jeweils einen signifikanten Einfluss auf Privacy Concerns - für Nutzer mit externer Kontrollüberzeugung haben sowohl die staatliche Regulierung (-) als auch die unternehmerische Selbstregulierung (-) jeweils einen signifikanten Einfluss auf Privacy Concerns
Xu et al. (2011)	Privacy Calculus	N=545; Umfrage; Studenten ab 18 Jahre; LBM-User/Non-User	Overt/Covert Personalization; Previous Privacy Experience	- der Nutzen der durch verborgene Personalisierung entsteht, kann damit zusammenhängende Privacy Concerns überwiegen - offenkundige Personalisierung und Privacy Risks haben keinen signifikanten Zusammen-

				hang - die vorangegangene Erfahrung mit Datenschutz erhöht die Privacy Risks der Nutzer bei verborgener Personalisierung, nicht jedoch bei offenkundiger Personalisierung
Xu et al. (2009)	Privacy Calculus	N=528; Quasi-Experiment unter Smartphone-Nutzern	Push/Pull; Industry Self-Regulaton; Government Regulation; Previous Privacy Experience	- unternehmerische Selbstregulierung hat einen signifikanten Einfluss auf Privacy Risks (-) für push- und pull-basierte LBS - Staatliche Regulierungen haben einen signifikanten Einfluss auf Privacy Risks für push-basierte LBS (-) - die vorangegangene Erfahrung mit Datenschutz hat einen signifikanten Einfluss auf Privacy Risks (+) für push-basierte LBS
Xu et al. (2012)	CFIP	N=198; Experiment; Smartphone-Nutzer in Singapur	Individual Self-Protection; Industry Self-Regulaton; Government Legislation; Trust Propensity; Privacy Experience; Desire for Information Control	- die vorangegangene Erfahrung mit Datenschutz hat einen signifikanten Einfluss auf Privacy Concerns (+) - unternehmerische Selbstregulierung, staatliche Regulierung und technologischer Selbstschutz haben jeweils einen signifikanten Einfluss auf Privacy Concerns (-) - Kontrollempfinden kann den technologischen Selbstschutz und die

					staatliche Regulierung für den Nutzer überflüssig machen, solange eine unternehmerische Selbstregulierung existiert
Zhou (2011)	CFIP; Perceived Risk	N=210; Umfrage; LBS-User in China	Trust	-	das Vertrauen der Nutzer hat einen signifikanten Einfluss auf Privacy Risks (-)
Zhou (2012)	Privacy Concerns, adaptiert von Son und Kim (2008); Perceived Risk, adaptiert von Xu et al. (2009)	N=191; Umfrage; LBS-User in China	Trust	-	das Vertrauen der Nutzer hat einen signifikanten Einfluss auf Perceived Risk (-)
Zhou (2013)	Privacy Concerns, adaptiert von Son und Kim (2008); Privacy Risks, adaptiert von Xu et al. (2009)	N=278; Umfrage; LBS-User in China	Trust	-	das Vertrauen der Nutzer hat einen signifikanten Einfluss auf Privacy Risks (-)
Zhou (2015)	Privacy Concerns, adaptiert von Son und Kim (2008); Perceived Risk, adaptiert von Xu et al. (2009)	N=278; Umfrage; LBS-User in China	Contextual offering; Trust	-	das Vertrauen der Nutzer hat einen signifikanten Einfluss auf Perceived Risk (-)

Tabelle 2: Übersicht der Konsequenzen von Privacy Concerns und Privacy Risks

Autor (Jahr)	Untersuchungsmodell	Empirische Grundlage	Konsequenzen	Haupterkenntnisse
Fodor und Brem (2015)	CFIP; IUIPC; Perceived Risk (enthält das Item Privacy Risk)	N=235; Umfrage; Nutzer des mobilen Internets zw. 18-34 Jahre in Deutsch-	Perceived Risk; Trust; Usage Intention	- Privacy Concerns haben einen signifikanten Einfluss auf das Vertrauen der Nutzer (-) - Perceived Risk hat keinen signifikanten Einfluss auf die Nutzungs-

		land		absicht von LBS (-)
Hin et al. (2015)	CFIP; Perceived Risk	N=291; Umfrage; Erwachsene ab 21 Jahre in Malaysia; 57% LBS-User/43% Non-LBS-User	Perceived Risk; Usage Intention	- Perceived Risk hat einen signifikanten Einfluss auf die Nutzungsabsicht von LBS (-) - Perceived Risk muss nicht zwingend ein Grund sein LBS nicht zu verwenden, wenn der Nutzen durch LBS überwiegt
Keith et al. (2010)	Privacy Calculus	N=547; Experiment; Studenten; Smartphone-Nutzer in den USA	Willingness-to-pay for the LBS; Intention to adopt the LBS	- Privacy Risks haben einen signifikanten Einfluss auf die Absicht für LBS zu bezahlen (-) und auf die Absicht LBS zu nutzen (-) - bei der Absicht für LBS zu bezahlen überwiegt der Einfluss der Privacy Risks über den Nutzen der von LBS ausgeht - bei der Nutzungsintention von LBS verhält es sich gegenteilig
Limpf und Voorveld (2015)	Privacy Concerns; adaptiert von Malhotra, Kim, and Agarwal (2004)	N=224; szenariobasiertes Experiment; Nutzer sind i.D. 25 Jahre alt	Attitude toward LBA; Intention to accept LBA; Push/Pull	- Privacy Concerns haben einen signifikanten Einfluss auf die Nutzungsabsicht von LBA (-) - Privacy Concerns haben einen signifikanten Einfluss die Einstellung gegenüber push-basierten LBA (-)
Mao und Zhang (2013)	CFIP	N=176; Umfrage; Studenten in den USA; LBS-User; i.D. 23 Jahre alt	Behavioral Intentions	- Privacy Concerns haben einen signifikanten Einfluss auf die Nutzungsabsicht von LBS (-) - Drei der vier Dimensionen des CFIP-Modells haben Einfluss auf Pri-

				vacy Concerns (+); nur die Sammlung von Daten (Collection) hat keinen signifikanten Einfluss
Pee (2011)	CFIP	N=194; Umfrage; potentielle LBS-User in Malaysia und Singapur	Intention to Use LBS; Theory of Consumption	- Privacy Concerns haben einen signifikanten Einfluss auf die Nutzungsabsicht von LBS (-) - die kontextabhängigen, die funktionalen und die sozialen Werte von LBS können Privacy Concerns senken
Sun et al. (2015)	Privacy Calculus	N=164; Umfrage; LBS-User in China	Intention to Disclose Location	- Privacy Risks haben einen signifikanten Einfluss auf die Nutzungsabsicht von LBS (-) - Privacy Risks senken den Einfluss des empfundenen Nutzens auf die Nutzungsabsicht von LBS
Xu (2010)	CFIP	N=292; Experiment; Studenten ab 18 Jahre in Singapur	Willingsness to Provide Personal Information; Internal/external LOC	- Privacy Concerns haben einen signifikanten Einfluss auf die Absicht seine Daten bereitzustellen (-) - diese Signifikanz ist sowohl für Nutzer mit interner Kontrollüberzeugung, als auch für Nutzer mit externer Kontrollüberzeugung ähnlich groß
Xu und Gupta (2009)	CFIP	N=176; Umfrage; Studenten; potentielle (N=101) und erfahrene (N=75)	Performance Expectancy; Effort Expectancy; Intention to Use LBS; Potenti-	- Privacy Concerns haben einen signifikanten Einfluss auf die erwartete Leistungsfähigkeit von LBS für erfahrene Nutzer (-) - Privacy Concerns haben

		LBS-User in Singapur	al/experienced Users	einen signifikanten Einfluss auf den erwarteten Aufwand der Nutzung von LBS für potentielle sowie erfahrene Nutzer (-) - Privacy Concerns haben keinen direkten, aber einen indirekten Einfluss auf die Nutzungsabsicht von LBS, über die Faktoren Performance Expectancy (+) und Effort Expectancy (+)
Xu, Gupta und Shi (2009)	CFIP	N=176; szenariobasierte Umfrage, Studenten	Performance Expectancy; Intention to Use LBS; Push/Pull	- Privacy Concerns haben einen signifikanten Einfluss auf die Nutzungsabsicht von push-basierten LBS (-) - Privacy Concerns haben einen signifikanten Einfluss auf die erwartete Leistungsfähigkeit von pull-basierten LBS (-)
Xu et al. (2009)	Privacy Calculus	N=528; Quasi-Experiment; Smartphone-Nutzer	Intention to Disclose Personal Information in LBS; Push/Pull	- Privacy Risks haben einen größeren Einfluss auf die Nutzungsabsicht für push-basierte LBS, als für pull-basierte LBS (-)
Xu et al. (2011)	Privacy Calculus	N=545; Umfrage; Studenten ab 18 Jahre; LBM-User/Non-User	Willingness to have personal information used in LBM; Overt/Covert	- Privacy Risks haben einen signifikanten Einfluss auf die Nutzungsabsicht von LBM (-) - der empfundene Nutzen von LBM kann die Privacy Risks jedoch überwiegen
Zhou (2011)	Privacy Concerns, adaptiert von Stewart und	N=210; Umfrage; LBS-User in	Perceived Risk; Trust;	- Privacy Concerns haben einen signifikanten Einfluss auf das Vertrauen

	Segars (2002); Perceived Risk, adaptiert von Pavlou und Gefen (2004)	China	Usage Intention	der Nutzer (-) - Perceived Risk hat einen signifikanten Einfluss auf die Nutzungsabsicht von LBS (-)
Zhou (2012)	Privacy Concerns, adaptiert von Son und Kim (2008); Perceived Risk, adaptiert von Xu et al. (2009))	N=191; Umfrage; LBS-User in China	Perceived Risk; Trust; Usage Intention	- Privacy Concerns haben keinen signifikanten Einfluss auf die Nutzungsabsicht von LBS (-) - Privacy Concerns haben einen signifikanten Einfluss auf das Vertrauen (-) und somit indirekt auf die Nutzungsabsicht von LBS - Perceived Risk hat einen signifikanten Einfluss auf die Nutzungsabsicht von LBS (-)
Zhou (2013)	Privacy Concerns, adaptiert von Son und Kim (2008); Privacy Risks, adaptiert von Xu et al. (2009)	N=278; Umfrage; LBS-User in China	Perceived Risk; Trust; Perceived usefulness; Usage Intention	- Privacy Concerns haben keinen signifikanten Einfluss auf den empfundenen Nutzen von LBS (-) - Privacy Concerns haben jeweils einen signifikanten Einfluss auf Vertrauen (-) und somit indirekt auf die Nutzungsabsicht von LBS. - Privacy Risks haben einen signifikanten Einfluss auf die Nutzungsabsicht von LBS (-)
Zhou (2015)	Privacy Concerns, adaptiert von Son und Kim (2008); Perceived Risk, adaptiert von Xu et al. (2009)	N=278; Umfrage; LBS-User in China	Perceived Risk; Trust; Flow; Usage Intention	- Privacy Concerns haben einen signifikanten Einfluss auf das Vertrauen (-) - Perceived Risk hat einen signifikanten Einfluss auf die Nutzungsabsicht von LBS (-)